国家社会科学基金重大项目（23VRC043）研究成果
北京外国语大学"双一流"建设标志性项目（BW202018）研究成果

"一带一路"国家文化教育大系　　　总主编　王定华

卢旺达
文化教育研究

Rwanda
Culture and Education

陈建录　著

外语教学与研究出版社
FOREIGN LANGUAGE TEACHING AND RESEARCH PRESS
北京 BEIJING

图书在版编目（CIP）数据

卢旺达文化教育研究／陈建录著． -- 北京：外语教学与研究出版社，2024.6
（"一带一路"国家文化教育大系／王定华总主编）
ISBN 978-7-5213-5274-0

Ⅰ. ①卢… Ⅱ. ①陈… Ⅲ. ①教育研究－卢旺达 Ⅳ. ①G542.7

中国国家版本馆 CIP 数据核字（2024）第 106621 号

卢旺达文化教育研究
LUWANGDA WENHUA JIAOYU YANJIU

出 版 人	王　芳
项目负责	孙凤兰　巢小倩
责任编辑	巢小倩
责任校对	王　菲
封面设计	李　高　锋尚设计
版式设计	李　高
出版发行	外语教学与研究出版社
社　　址	北京市西三环北路 19 号（100089）
网　　址	https://www.fltrp.com
印　　刷	北京盛通印刷股份有限公司
开　　本	710×1000　1/16
印　　张	14.5　彩插 1 印张
字　　数	218 千字
版　　次	2024 年 6 月第 1 版
印　　次	2024 年 6 月第 1 次印刷
书　　号	ISBN 978-7-5213-5274-0
定　　价	138.00 元

如有图书采购需求，图书内容或印刷装订等问题，侵权、盗版书籍等线索，请拨打以下电话或关注官方服务号：
客服电话：400 898 7008
官方服务号：微信搜索并关注公众号"外研社官方服务号"
外研社购书网址：https://fltrp.tmall.com

物料号：352740001

记载人类文明
沟通世界文化
www.fltrp.com

"一带一路"国家文化教育大系编写委员会

顾　问：顾明远　　马克垚　　胡文仲

总主编：王定华

委　员（按姓氏音序排列）：

常福良	戴桂菊	郭小凌	金利民	柯　静	李洪峰
刘宝存	刘　捷	刘生全	刘欣路	钱乘旦	秦惠民
苏莹莹	陶家俊	王　芳	谢维和	徐　辉	徐建中
杨慧林	张民选	赵　刚			

"一带一路"国家文化教育大系编审委员会

主　任：王　芳

副主任：徐建中　　刘　捷

秘书长：孙凤兰

委　员（按姓氏音序排列）：

蔡雯旭	蔡　喆	柴方圆	巢小倩	杜晓沫	华宝宁
刘思博	刘相东	刘真福	马庆洲	石筠弢	孙　慧
万作芳	王名扬	杨鲁新	姚希瑞	苑大勇	张小玉
赵　雪	祝　军				

卢旺达首都基加利市远眺

基加利市郊风光

基加利国际机场

卢旺达马萨卡医院

卢旺达国家公园

卢旺达国家会展中心

卢旺达当地婚礼现场

卢旺达乌姆巴诺小学

穆桑泽职业技术学院的学生参加集体活动

基加利市的女子学校

中卢共建的电子商务实训室

卢旺达的鲁班工坊(中国援非项目)

北京外国语大学党委书记王定华教授访问卢旺达大学科技学院

卢旺达大学孔子学院

卢旺达青年载歌载舞欢迎中国客人

在卢授课的中国教师

卢旺达那巴龙格河二号水电站项目开工典礼

出版说明

2013年9月7日，国家主席习近平提出共建"丝绸之路经济带"重大倡议。2013年10月3日，习近平主席提出共建"21世纪海上丝绸之路"重大倡议。两者合称"一带一路"倡议。以2013年金秋为起点，"一带一路"倡议作为构建人类命运共同体的伟大设想，在开拓和平、繁荣、开放、绿色、创新、文明之路的非凡征程中，孕育生机和活力，汇聚信心和期待，在世界范围内广受欢迎和响应。

文化交流、文明互鉴是构建人类命运共同体的人文基础。文化发展，教育先行。作为"共和国外交官的摇篮"、文化教育的主动践行者、"一带一路"倡议的踊跃响应者和构建人类命运共同体的积极参与者，北京外国语大学在党委书记王定华教授的带领下，放眼世界，找准坐标，勇于担当，主动作为，深耕文化教育相关领域，研究、策划并组织编写了"一带一路"国家文化教育大系（以下简称大系）。国内相关高校和研究机构的众多专家学者献计献策，踊跃参加，形成了一个范围广泛、交流互动、共同进步的"一带一路"国家文化教育学术研究共同体。大系旨在填补国内相关研究领域的学术空白，实现"一带一路"国家教育研究全覆盖，为中国教育"走出去"和相关国家先进教育理念"请进来"提供科学理论和实践指导，具有重要的学术价值。同时，大系服务国家重大战略，通过分期分批出版，形成规模和品牌，向中国共产党建党一百周年和"一带一路"倡议提出十周年献礼，具有深远的意义。

作为国家社会科学基金重大项目"'一带一路'沿线国家文化教育发展状况调查研究"、北京外国语大学"双一流"建设标志性项目"'一带一路'国家文化教育研究"的课题研究成果和北京外国语大学党委的"奋进之举",大系秉承学术性与可读性兼顾的原则,对"一带一路"国家文化教育理论与实践问题展开深入研究,从国情概览、文化传统、教育历史、学前教育、基础教育、高等教育、职业教育、成人教育、教师教育、教育政策、教育行政、教育交流等方面,全景擘画"一带一路"国家的教育风貌,帮助读者了解"一带一路"国家教育的历史与现状、经验与特点,为我国教育的发展和对外交流合作提供有益的借鉴、思考与启迪。

世界已进入新的动荡变革期,以"人类命运共同体"理念为价值导向,系统研究"一带一路"国家文化教育的历史、现状、经验、挑战等基本问题,深刻洞悉各共建国的教育政策、教育治理和教育发展前景,是扩大我国教育对外开放、提升我国教育国际影响力、响应和支持"一带一路"倡议的切实有力之举。在此,特别感谢大系总策划、总主编王定华教授,以及所有顾问、编委和作者的心血倾注、智慧贡献和努力付出。

外语教学与研究出版社对大系的编写和出版工作给予了高度重视。自2019年项目启动以来,外研社抽调精锐力量成立大系工作组,多次组织相关部门和人员召开选题论证会,商建编委会,召开全体作者大会,制定周密、科学的出版计划,以保证项目的顺利开展和图书的优质出版。目前,大系的出版工作已取得阶段性丰富成果,接下来将继续分期分批推出数量和规模可观的、具有相当科研价值和学术价值的系列专著。期望大系的编写和出版能为"一带一路"建设、中外教育交流及我国文化教育发展发挥基础性、服务性、广远性的作用。

外语教学与研究出版社
2024年5月

总　序

王定华

改革开放以来，中国各项事业取得了巨大成就。中国经济和世界经济高度关联，中国一以贯之地坚持对外开放的基本国策，构建全方位开放新格局，深度融入世界经济体系。2013年9月和10月，习近平主席在出访中亚和东南亚国家期间，先后提出共建"丝绸之路经济带"和"21世纪海上丝绸之路"的重大倡议（以下简称"一带一路"倡议），得到国际社会的高度关注。其中，"丝绸之路经济带"东边牵着亚太经济圈，西边系着发达的欧洲经济圈，是世界上最长、最具发展潜力的经济大走廊；"21世纪海上丝绸之路"串起连通东盟、南亚、西亚、北非、欧洲等各大经济板块的市场链，发展面向南海、太平洋和印度洋的战略合作经济带，以亚欧非经济贸易一体化为发展的长期目标。

一、精准把握"一带一路"倡议的时代意蕴

"经济带"概念是对地区经济合作模式的创新。其中经济走廊涵盖中蒙

俄经济走廊、新亚欧大陆桥、中国-中亚-西亚经济走廊、孟中印缅经济走廊、中国-中南半岛经济走廊等，以经济增长极辐射周边，超越了传统发展经济学理论。"丝绸之路经济带"概念不同于历史上所出现的各类"经济区"与"经济联盟"，同后两者相比，经济带具有灵活性高、适用性广以及可操作性强的特点，各国都是平等的参与者，本着自愿参与、协同推进的原则，发扬古丝绸之路兼容并包的精神。

"一带一路"倡议是我国在新时代推进全方位对外开放的重要举措，为当今世界提供了一个充满东方智慧、实现共同发展的中国方案，也是对历史文化传统的高度尊重，凝聚了世界各国利益的最大公约数。丝绸之路是起始于古代中国，连接亚洲、非洲和欧洲的古代陆上商业贸易路线，最初的作用是运输古代中国出产的丝绸、瓷器等商品，后来成为东方与西方之间在经济、政治、文化等方面进行交流的主要通道。1877年，德国地质、地理学家李希霍芬（F. P. W. Richthofen）在其著作《中国》一书中，把公元前114年至公元127年，中国与中亚、中国与印度间以丝绸贸易为媒介的这条西域交通道路命名为"丝绸之路"，这一名词很快为学术界和大众所接受，并正式运用。其后，德国历史学家赫尔曼（A. Herrmann）在20世纪初出版的《中国与叙利亚之间的古代丝绸之路》一书中，根据新发现的文物考古资料，进一步把丝绸之路延伸到地中海西岸和小亚细亚，并确定了丝绸之路的基本内涵，即它是中国古代与中亚、南亚、西亚以及欧洲、北非的陆上贸易交往通道。进入21世纪，海上丝绸之路也被纳入丝绸之路的涵盖范围，即从中国沿海港口过南海到印度洋并延伸至欧洲，从中国沿海港口过南海到南太平洋。随着时代的发展，"丝绸之路"成为古代中国与西方所有政治经济文化往来通道的统称。

推进"一带一路"建设既是中国扩大和深化对外开放的需要，也是加强和世界各国互利合作的需要，中国愿意承担更多责任和义务，为人类和平发展做出更大的贡献。文明交流互鉴是构建人类命运共同体的重要途径，是推动人类文明共同进步、实现世界和平发展的重要动力。共建"一带一路"要顺应世界多极化、经济全球化、文化多样化、社会信息化的潮流，秉持开放的区域合作精神，致力于推动"一带一路"各国实现经济政策协调，开展更大范围、更高水平、更深层次的区域合作，共同打造开放、包容、均衡、普惠的区域经济合作架构，维护全球自由贸易体系和开放型世界经济格局。

"一带一路"贯穿亚欧非大陆，一头是活跃的东亚经济圈，一头是发达的欧洲经济圈，中间广大腹地国家经济发展潜力巨大。根据"一带一路"走向，陆上依托国际大通道，以中心城市为支撑，以重点经贸产业园区为合作平台，共同打造新亚欧大陆桥以及中蒙俄、中国-中亚-西亚、中国-中南半岛等国际经济合作走廊；海上以重点港口为基点，共同建设通畅安全高效的运输大通道。

"一带一路"建设是有关国家开放合作的宏大经济愿景，需要各国携手努力，朝着互利互惠、共同安全的目标相向而行：努力实现区域基础设施更加完善，安全高效的陆海空通道网络基本形成，互联互通达到新水平；投资贸易便利化水平进一步提升，高标准自由贸易区网络基本形成，经济联系更加紧密，政治互信更加深入；人文交流更加广泛深入，不同文明互鉴共荣，各国人民相知相交、和平友好。

"一带一路"倡议是具有开放性和包容性的友好建议。当今世界是一个开放的世界，开放带来进步，封闭导致落后。中国认为，只有开放才能发现机遇、抓住和用好机遇、主动创造机遇，才能实现国家的奋斗目标。"一带一路"倡议就是要把世界的机遇转变为中国的机遇，把中国的机遇转变为世界的机遇。正是基于这种认知与愿景，"一带一路"倡议以开放为导向，冀望通过加强交通、能源和网络等基础设施的互联互通建设，促进经济要素有序自由流动、资源高效配置和市场深度融合，开展更大范围、更高水平、更深层次的区域合作，打造开放、包容、均衡、普惠的区域经济合作架构，以此来解决经济增长和平衡问题。"一带一路"倡议的开放包容性是区别于其他区域性经济倡议的一个突出特点。

"一带一路"倡议是超越地缘政治的务实合作的广阔平台。"和平合作、开放包容、互学互鉴、互利共赢"的丝路精神是人类共有的历史财富，"一带一路"倡议就是秉承这一精神与原则提出的新时代重要倡议，通过加强相关国家间的全方位多层面交流合作，充分发掘与发挥各国的发展潜力与比较优势，形成互利共赢的区域利益共同体、命运共同体和责任共同体。在这一机制中，各国是平等的参与者、贡献者、受益者。因此，"一带一路"倡议从一开始就具有平等性、和平性特征。平等是中国坚持的重要国际准则，也是"一带一路"建设的关键基础。只有建立在平等基础上的合作才能是持久的合作，也才会是互利的合作。"一带一路"倡议平等包容的合作特征为其推进减轻了阻力，提升了共建效率，有助于国际合作真正"落地生根"。同时，"一带一路"建设离不开和平安宁的国际环境和地区环境，和平是"一带一路"建设的本质属性，也是保障其顺利推进所不可或缺的重要因素。这些就决定了"一带一路"倡议不应该也不可能沦为大国政治较量的工具，更不会重复地缘博弈的老路。

"一带一路"倡议是政府、企业、团体共同发力的项目载体。"一带一路"建设是在双边或多边联动基础上通过具体项目加以推进的，是在进行充分政策沟通、战略对接以及市场运作后形成的发展倡议与规划。2017年5月发布的《"一带一路"国际合作高峰论坛圆桌峰会联合公报》强调了建设"一带一路"的合作原则，其中就包括市场运作原则，即充分认识市场作用和企业主体地位，确保政府发挥适当作用，政府采购程序应开放、透明、非歧视。可见，"一带一路"建设的核心主体与支撑力量并不是政府，而是企业，根本方法是遵循市场规律，并通过市场化运作模式来实现参与各方的利益诉求，政府在其中发挥构建平台、创立机制、政策引导等指向性、服务性功能。

"一带一路"倡议是与现有相关机制对接互补的有益渠道。参与"一带一路"建设的国家要素禀赋各异，比较优势差异明显，互补性很强。有的国家能源资源富集但开发力度不够，有的国家劳动力充裕但就业岗位不足，有的国家市场空间广阔但产业基础薄弱，有的国家基础设施建设需求旺盛但资金紧缺。我国目前经济总量居全球第二，外汇储备居全球第一，优势产业越来越多，基础设施建设经验丰富，装备制造能力强、质量好、性价比高，具备资金、技术、人才、管理等综合优势。这就为我国与其他"一带一路"建设参与方实现产业对接与优势互补提供了现实可能与重大机遇。因而，"一带一路"倡议的核心内容就是要加强基础设施建设和促进互联互通，对接各国政策和发展战略，以便深化务实合作，促进协调联动发展，实现共同繁荣。由此可见，"一带一路"倡议不是对现有地区合作机制的替代，而是与现有机制互为助力、相互补充。实际上，"一带一路"建设已经与俄罗斯主导的欧亚经济联盟、印尼全球海洋支点发展规划、哈萨克斯坦光明之路经济发展战略、蒙古国草原之路倡议、欧盟欧洲投资计划、埃及苏伊士运河走廊开发计划等实现了对接与合作，并形成了一批标志性项目，如中哈（连云港）物流合作基地。作为新亚欧大陆桥经济走廊建设成果之一，中哈（连云港）物流合作基地初步实现了深水大港、远洋干线、中欧班列、物流场站的无缝对接。该项目与哈萨克斯坦光明之路经济发展战略高度契合。

"一带一路"倡议是促进人文交流的沟通桥梁。"一带一路"倡议跨越不同区域、不同文化、不同宗教信仰，但它带来的不是文明冲突，而是各文明间的交流互鉴。"一带一路"倡议在推进基础设施建设、加强产能合作与发展战略对接的同时，也将"民心相通"作为工作重心之一。民心相通是"一带一路"建设的社会根基。民心相通就是要传承和弘扬丝绸之路友好合作精神，广泛进行文化交流、学术交流、人才交流往来、媒体合作、青年和妇女交往、志愿者服务等，为深化双边和多边合作奠定坚实的民意基础。一是扩大相互间留学生规模，开展合作办学；国家间互办文化年、艺术节、电影节、电视周和图书展等活动，深化国家间人才交流合作。二是加强旅游合作，扩大旅游规模，联合打造具有丝绸之路特色的国际精品旅游线路和旅游产品。三是强化与周边国家在传染病疫情信息沟通、防治技术交流、专业人才培养等方面的合作，提高合作处理突发公共卫生事件的能力。四是加强科技合作，共建联合实验室（研究中心）、国际技术转移中心、海上合作中心，促进科技人员交流，合作开展重大科技攻关，共同提升科技创新能力。五是整合现有资源，开拓和推进参与国家在青年就业、创业培训、职业技能开发、社会保障管理服务、公共行政管理等共同关心领域的务实合作。六是充分发挥政党、议会交往的桥梁作用，加强国家之间立法机构、主要党派和政治组织的友好往来，互结友好城市。七是加强各国民间组织的交流合作，重点面向基层民众，广泛开展教育、医疗、减贫开发、生物多样性和生态环保等主题的各类公益慈善活动，改善贫困地区生产生活条件；加强文化传媒领域的国际交流合作，积极利用网络平台，运用新媒体工具，塑造和谐友好的文化生态和舆论环境；通过强化民心相通，弘扬丝绸之路精神，开展智力丝绸之路、健康丝绸之路等建设，在科学、教育、文化、卫生、民间交往等领域广泛合作，使"一带一路"建设的民意基础更为坚实，社会根基更加牢固。"一带一路"建设就是要以文明交流超越文明隔阂，以文明互鉴超越文明冲突，以文明共存超越文明优越，为相关国家人民加强交流、增进理解搭起新的桥梁，为不同文化和文明加强对话、交流互鉴织就新的纽带，推动各国相互理解、相互尊重、相互信任。

"一带一路"是促进共同发展、实现共同繁荣的友谊之路。共建"一带一路"旨在促进各国发展战略的对接和耦合，有利于发掘区域市场的潜力，推动经济要素有序自由流动、资源高效配置和市场深度融合，促进投资和消费，创造需求和就业，增进各国人民的人文交流与文明互鉴，从而让各国人民相逢相知、互信互敬，共享和谐、安宁、富裕的生活。共建"一带一路"符合国际社会的根本利益,彰显了人类社会的共同理想和美好追求,是国际合作及全球治理新模式的积极探索,将为世界和平发展增添新的正能量。中国政府倡议秉持和平合作、开放包容、互学互鉴、互利共赢的理念,全方位推进务实合作,打造政治互信、经济融合、文化包容的利益共同体、命运共同体和责任共同体。

"一带一路"倡议已经得到世界上众多国家和地区的积极响应,成为维护全球自由贸易体系和开放型世界经济的重要支撑。截至 2021 年 1 月 30 日,中国已经同 171 个国家和国际组织签署 205 份共建"一带一路"合作文件。[1] 特别是 2017 年 5 月第一届"一带一路"国际合作高峰论坛、2019 年 4 月第二届"一带一路"国际合作高峰论坛和 2019 年 5 月亚洲文明对话大会的成功举办,充分彰显了我国开放、包容的大国外交风范。在此背景下,我们一方面应致力于向世界介绍中国,推动中国文化"走出去",讲好中国故事;另一方面也应加强对"一带一路"国家的历史、文化、语言、教育、艺术等方面的介绍和研究,让中国人民更多地了解"一带一路"国家的具体国情,特别是文化传统和教育体系。

"一带一路"倡议合作范围不断扩大,合作领域愈加广阔。它不仅给参与各方带来了实实在在的合作红利,也为世界贡献了应对挑战、创造机遇、强化信心的智慧与力量。

当今世界,新冠肺炎疫情带来诸多挑战,局部战争风险依然存在,经济增长动能不足,"逆全球化"思潮涌动,地区动荡持续,恐怖主义蔓延。和平赤字、发展赤字、治理赤字带来的严峻问题,已摆在全人类面前。这充分说明现有的全球治理体系面临结构性问题,亟须找到新的破解之策与应对方略。作为一个新兴大国,中国有能力、有意愿同时也有责任为完善全球治理体系贡献智慧与力量。面对新挑战、新问题、新情况,中国给出

---

[1] 中国一带一路网. 我国已签署共建"一带一路"合作文件 205 份[EB/OL].(2021-01-30)[2021-02-23]. https://www.yidaiyilu.gov.cn/xwzx/gnxw/163241.htm.

的全球治理方案是：构建人类命运共同体，实现共赢共享。"一带一路"倡议正是朝着这个目标努力的具体实践。"一带一路"倡议强调各国的平等参与、包容普惠，主张携手应对世界经济面临的挑战，开创发展新机遇，谋求发展新动力，拓展发展新空间，共同朝着人类命运共同体方向迈进。正是本着这样的原则与理念，"一带一路"倡议针对各国发展的现实问题和治理体系的短板，创立了亚洲基础设施投资银行、丝路基金等新型国际机制，构建了多形式、多渠道的交流合作平台。这既能缓解当今全球治理机制代表性、有效性、及时性难以适应现实需求的困境，在一定程度上扭转公共产品供应不足的局面，提振国际社会参与全球治理的士气与信心，又能满足发展中国家尤其是新兴市场国家变革全球治理机制的现实要求，大大增强了新兴国家和发展中国家的话语权，是推进全球治理体系朝着更加公正合理方向发展的重大突破。

"一带一路"倡议涵盖了发展中国家与发达国家，实现了"南南合作"与"南北合作"的统一，有助于推动全球均衡可持续发展。"一带一路"建设以基础设施建设为着眼点，促进经济要素有序自由流动，推动中国与相关国家的宏观政策的对接与协调。对于参与"一带一路"建设的发展中国家来说，这是一次搭中国经济发展"快车""便车"，实现自身工业化、现代化的历史性机遇，有利于推动"南南合作"的广泛展开，同时也有助于增进"南北对话"，促进"南北合作"的深度发展。不仅如此，"一带一路"倡议的理念和方向同联合国《2030年可持续发展议程》也高度契合，完全能够加强对接，实现相互促进。联合国秘书长古特雷斯表示，"一带一路"倡议与《2030年可持续发展议程》都以可持续发展为目标，都试图提供机会、全球公共产品和双赢合作，都致力于深化国家和区域间的联系。

二、深入推动"一带一路"国家的教育交流

2020年6月印发的《教育部等八部门关于加快和扩大新时代教育对外开放的意见》指出,教育对外开放是教育现代化的鲜明特征和重要推动力,要以习近平新时代中国特色社会主义思想为指导,坚持教育对外开放不动摇,主动加强同世界各国的互鉴、互容、互通,形成更全方位、更宽领域、更多层次、更加主动的教育对外开放局面。

教育为国家富强、民族繁荣、人民幸福之本,在共建"一带一路"中具有基础性和先导性作用。教育交流为各国民心相通架设桥梁,人才培养为各国政策沟通、设施联通、贸易畅通、资金融通提供支撑。各国间教育交流源远流长,教育合作前景广阔,大家携手发展教育,合力共建"一带一路",是造福各国人民的伟大事业。推进"一带一路"国家教育共同繁荣,既是加强与各国教育互利合作的需要,也是推进中国教育改革发展的需要,中国愿意在力所能及的范围内承担更多责任和义务,为区域教育大发展做出更大的贡献。

(一)教育合作的原则

"一带一路"国家教育合作应遵循四个重要原则。

一是育人为本,人文先行。加强合作育人,提高区域人口素质,为共建"一带一路"提供人才支撑。坚持人文交流先行,建立区域人文交流机制,搭建民心相通桥梁。

二是政府引导,民间主体。政府加强沟通协调,整合多种资源,引导教育融合发展。发挥学校、企业及其他社会力量的主体作用,活跃教育合作局面,丰富教育交流内涵。

三是共商共建,开放合作。坚持共商、共建、共享,推进各国教育发

展规划相互衔接，实现各国教育融通发展、互动发展。

四是和谐包容，互利共赢。加强不同文明之间的对话，寻求教育发展最佳契合点和教育合作最大公约数，促进各国在教育领域互利互惠。

（二）教育合作的重点

"一带一路"各国教育特色鲜明、资源丰富、互补性强、合作空间巨大。中国将以基础性、支撑性、引领性三方面举措为建议框架，开展三方面重点合作，对接各国意愿，互鉴先进教育经验，共享优质教育资源，全面推动各国教育提速发展。

1. 开展教育互联互通合作

一是加强教育政策沟通。开展"一带一路"国家教育法律、政策协同研究，构建各国教育政策信息交流通报机制，为各国政府推进教育政策互通提供决策建议，为各国学校和社会力量开展教育合作交流提供政策咨询。积极签署双边、多边和次区域教育合作框架协议，制定各国教育合作交流国际公约，逐步疏通教育合作交流政策性瓶颈，实现学分互认、学位互授联授，协力推进教育共同体建设。

二是助力教育合作渠道畅通。推进"一带一路"国家间签证便利化，扩大教育领域合作交流，形成往来频繁、合作众多、交流活跃、关系密切的携手发展局面。鼓励有合作基础、相同研究课题和发展目标的学校缔结姊妹关系，逐步深化和拓展教育合作交流。举办校长论坛，推进学校间开展多层次、多领域的务实合作。支持高等学校依托优势学科和专业，建立"产学研用"相结合的国际合作联合实验室（研究中心）、国际技术转移中心，共同应对各国在经济发展、资源利用、生态保护等方面面临的重大挑战与机遇。打造"一带一路"国家学术交流平台，吸引各国专家学者、青年学生开展研究和学术交流。推进"一带一路"国家优质教育资源共享。

三是促进语言互通。研究构建语言互通协调机制，共同开发语言互通开放课程，逐步将国家语言课程纳入各国的学校教育课程体系。拓展政府间语言学习交换项目，联合培养、相互培养高层次语言人才。发挥外国语院校人才培养优势，推进基础教育多语种师资队伍建设和外语教育教学工作。扩大语言学习国家公派留学人员规模，倡导各国与中国院校合作在华开办本国语言专业。支持更多社会力量助力孔子学院和孔子课堂建设，加强汉语教师和汉语教学志愿者队伍建设，全力满足不同国家的汉语学习需求。

四是推进民心相通。鼓励学者开展或合作开展中国课题研究，增进各国对中国发展模式、国家政策、教育文化等各方面的理解。建设国别和区域研究基地，与对象国合作开展经济、政治、教育、文化等领域研究。逐步将理解教育课程、丝路文化遗产保护纳入各国中小学教育课程体系，加强青少年对不同国家文化的理解。加强"丝绸之路"青少年交流，注重通过志愿服务、文化体验、体育竞赛、创新创业活动和新媒体社交等途径，增进不同国家青少年对其他国家文化的理解。

五是推动学历学位认证标准联通。推动落实联合国教科文组织《亚太地区承认高等教育资历公约》，支持联合国教科文组织建立世界范围学历互认机制，实现区域内双边、多边学历学位关联互认。呼吁各国完善教育质量保障体系和认证机制，加快推进本国教育资历框架开发，助力各国学习者在不同种类和不同阶段教育之间进行转换，促进终身学习社会的建设。共商、共建区域性职业教育资历框架，逐步实现就业市场的从业标准一体化。探索建立各国教师专业发展标准，促进教师流动。

2．开展人才培养培训合作

一是实施"丝绸之路"留学推进计划。设立"丝绸之路"中国政府奖学金，为各国专项培养行业领军人才和优秀技能人才。全面提升来华留学人才培养质量，把中国打造成为深受各国学子欢迎的留学目的地。以国家公派留学为引领，推动更多中国学生到"一带一路"其他国家留学。坚持"出国留学和来华留学并重、公费留学和自费留学并重、扩大规模和提高质量并重、依法管理和完善服务并重、人才培养和发挥作用并重"，完善全链条的留学人员管理服务体系，保障平安留学、健康留学、成功留学。

二是实施"丝绸之路"合作办学推进计划。有条件的中国高等学校开展境外办学要集中优势学科，选好合作契合点，做好前期论证工作，构建科学的人才培养模式、运行管理模式、服务当地模式、公共关系模式，使学校顺利落地生根、开花结果。发挥政府引领、行业主导作用，促进高等学校、职业院校与行业企业深度产教融合。鼓励中国优质职业教育配合高铁、电信运营等行业企业"走出去"，探索开展多种形式的境外合作办学，合作设立职业院校、培训中心，合作开发教学资源和项目，开展多层次职业教育和培训，培养当地急需的各类"一带一路"建设者。整合资源，积极推进与各国在青年就业培训等共同关心领域的务实合作。倡议国家之间开展高水平合作办学。

三是实施"丝绸之路"师资培训推进计划。开展"丝绸之路"教师培训，加强先进教育经验交流，提升区域教育质量。加强"丝绸之路"教师交流，推动各国校长交流访问、教师及管理人员交流研修，推进优质教育模式在各国的互学互鉴。大力推进各国优质教学仪器设备、教材课件和整体教学解决方案的输出，跟进教师培训工作，促进各国教育资源和教学水平均衡发展。

四是实施"丝绸之路"人才联合培养推进计划。推进国家间的研修访学活动。鼓励各国高等院校在语言、交通运输、建筑、医学、能源、环境工程、水利工程、生物科学、海洋科学、生态保护、文化遗产保护等国家发展急需的专业领域联合培养学生，推动联盟内或校际教育资源共享。

3. 共建丝路合作机制

一是加强"丝绸之路"人文交流高层磋商。开展国家间的双边、多边人文交流高层磋商，商定"一带一路"教育合作交流总体布局，协调推动各国建立教育双边和多边合作机制、教育质量保障协作机制和跨境教育市场监管协作机制，统筹推进"一带一路"教育共同行动。

二是充分发挥国际合作平台作用。发挥上海合作组织、东亚峰会、亚太经合组织、亚欧会议、亚洲相互协作与信任措施会议、中阿合作论坛、东南亚教育部长组织、中非合作论坛、中巴经济走廊、孟中印缅经济走廊、中蒙俄经济走廊等现有双边、多边合作机制的作用，增加教育合作的新内涵。借助联合国教科文组织等国际组织力量，推动各国围绕实现世界教育发展目标形成协作机制。充分利用中国-东盟教育交流周、中日韩大学交流合作促进委员会、中阿大学校长论坛、中非高校20+20合作计划、中日大学校长论坛、中韩大学校长论坛、中俄综合性大学联盟等已有平台，开展务实的教育合作交流。支持在共同区域、有合作基础、具备相同专业背景的学校组建联盟，不断延展教育务实合作平台。

三是实施"丝绸之路"教育援助计划。发挥教育援助在"一带一路"教育共同行动中的重要作用，逐步加大教育援助力度，重点投资于人、援助于人、惠及于人。发挥教育援助在"南南合作"中的重要作用，加大对相关国家尤其是最不发达国家的支持力度。统筹利用国家、教育系统和民间资源，为相关国家培养培训教师、学者和各类技能人才。积极开展优质教学仪器设备、整体教学方案、配套师资培训一体化援助。加强中国教育培训中心和教育援外基地建设。倡议各国建立政府引导、社会参与的多元化经费筹措机制，通过国家资助、社会融资、民间捐赠等渠道，拓宽教育经费来源，做大教育援助格局，实现教育共同发展。

三、精心组织"一带一路"国家文化教育大系的编著出版

在编写"一带一路"国家文化教育大系过程中，应当全面了解国内外对"一带一路"倡议的响应情况，关注进展，总结做法；应当在新冠肺炎疫情得到控制后到对象国去走一走，看一看，实地感受其教育情况和发展变化；应当广泛收集对象国一手资料，认真阅读，消化分析，吐故纳新；应当多方检索专家学者已经开展的相关研究，虚心参阅已有的研究成果。肆虐全球的新冠肺炎疫情，给人类身体健康和生命安全带来了巨大威胁，对世界格局和世界治理体系产生了重大影响，给全球各行各业带来了巨大挑战。教育置身其间，影响十分明显。因而，对"一带一路"国家文化教育进行研究时，必须观察分析疫情对相关国家文化教育和全球教育治理的深刻影响。

"一带一路"倡议提出后，中外已形成多个"一带一路"多边大学联盟。2015年5月22日，由西安交通大学发起的新丝绸之路大学联盟成立，迄今已吸引38个国家和地区的150余所大学加盟。该联盟是海内外大学结成的非政府、非营利性的开放性、国际化高等教育合作平台，以"共建教育合作平台，推进区域开放发展"为主题，推动"新丝绸之路经济带"国家和地区大学之间在校际交流、人才培养、科研合作、文化沟通、政策研究、医疗服务等方面的交流与合作，增进青少年之间的了解和友谊，培养具有国际视野的高素质、复合型人才，服务"新丝绸之路经济带"及欧亚地区的发展建设。

2015年10月17日，丝绸之路（敦煌）国际文化博览会筹委会文化传承创新高端学术研讨会在敦煌举行。中国的复旦大学、北京师范大学、兰州大

学和俄罗斯乌拉尔国立经济大学、韩国釜庆大学等46所中外高校在甘肃敦煌成立了"一带一路"高校战略联盟，以探索跨国培养与跨境流动的人才培养新机制，培养具有国际视野的高素质人才。46所高校当日达成《敦煌共识》，联合建设"一带一路"高校国际联盟智库。联盟将共同打造"一带一路"高等教育共同体，推动"一带一路"国家和地区大学之间在教育、科技、文化等领域的全面交流与合作，服务"一带一路"国家和地区的经济社会发展。

2016年9月，中国、中亚及丝绸之路经济带沿线7个国家的51所高校共同发起成立了中国-中亚国家大学联盟，旨在打造开放性、国际化互动平台，深化"一带一路"科教合作。

此外，高等教育合作研讨会也日渐增多，既有官方推动形成的研讨会，也有民间自发举办的研讨会。比如，中外大学校长论坛、新加坡-中国-印度高等教育论坛、"一带一路"教育对话论坛，以及北京师范大学举办的"一带一路"国家教育交流与合作高端研讨会，北京外国语大学举办的"一带一路"与行业国际化人才培养高峰论坛，北京理工大学主办的"一带一路"高等教育研究国际会议，浙江大学举办的"一带一路"背景下的工程科技人才培养国际研讨会等。这些多边研讨会的召开，不仅吸引了大量"一带一路"共建国家的教育研究者与实践者参会，推动了研究与实践合作，而且创新了教育合作模式，促进了国际化高端人才培养，为"一带一路"建设奠定了民意基础。

"一带一路"倡议提出之后，中国学术界迅速开展了关于"一带一路"的研究活动，有关"一带一路"主题的图书主要有以下五类。第一类是倡议解读类图书，一般是梳理"一带一路"倡议的提出、发展及其理论内涵与外延。第二类是经济贸易类图书，专业性较强，主要为理论研究型图书。第三类是国情文史类图书，多为介绍"一带一路"国家国情概览、历史情况、发展概况的工具书，语言平实，部分图书学术性较强。第四类是丝路历史类图书，一般回顾古代丝绸之路的形成与发展、丝绸之路上的人物和大事记等，追古溯源，以便更好地开启"一带一路"新篇章。第五类是法律税收类图书，多为法律指引、税务规范手册等。

可以看出，国内对"一带一路"国家的研究已有一定基础，但是囿于语言翻译的障碍，已经出版的"一带一路"图书，大多是政策解读、数据报告、概况介绍等，对对象国的研究广度和深度还很不够，尤其是针对"一带一路"国家文化教育的系统研究还比较少。

在"一带一路"国家中，遴选具有代表性的对象，对其文化、教育进行系统性的研究，并在此基础上编写"一带一路"国家文化教育大系，分期分批出版，对于帮助中国普通读者和研究人员了解"一带一路"国家的文化教育情况，以及对于拓展我国比较教育研究领域、丰富比较教育研究文献，乃至对于促进中外文明互通、更好地参与推进"一带一路"建设，都具有重要意义。基于对选题背景与意义、相关出版产品调研和北京外国语大学比较优势的分析，"一带一路"国家文化教育大系坚持学术性、可读性兼顾原则，分批次推出，不断积累，以形成规模和品牌。

大系在内容上，一方面呈现"一带一路"国家的文化概貌，展示"一带一路"国家教育发展的文化背景和社会依托。大系采用专题形式，力求用简洁平实的语言生动活泼地介绍"一带一路"国家的自然地理、人文景观、历史发展、风土人情、文化遗产等内容，重点呈现对象国独有的文化现象和独特风貌，集中揭示其民族文化内涵、民族精神、人文意蕴。另一方面，大系重点研究、评价、介绍"一带一路"国家教育的基本情况、发展历史、发展战略、政策法规、现存体系、治理模式与师资队伍等，这方面内容占较大篇幅，是全书的重点和主要内容。

"一带一路"倡议正在成为我国参与全球开放合作、改善全球治理体系、促进全球共同发展繁荣、推动构建人类命运共同体的中国方案。作为国家社会科学基金重大项目"'一带一路'沿线国家文化教育发展状况调查研究"的部分研究成果和北京外国语大学"双一流"建设重大标志性成果，

  "一带一路"国家文化教育大系计划在2021年中国共产党建党100周年和北京外国语大学建校80周年之际，推出首批图书。2023年"一带一路"倡议提出10周年时，推出该项目二期成果。同时积极参与党和国家相关主题纪念活动，以及国家重大图书项目的申报评选工作。

  北京外国语大学以外语见长，国际交往活跃，被誉为"共和国外交官的摇篮"，先后培养了400多位大使、2 000多位参赞，以及更多的外交外事外贸工作者。凡是有五星红旗飘扬的地方，都能看到北外人的身影。北外不仅承担着培养各类国际化人才的任务，更担负着向中国介绍世界、向世界介绍中国的历史使命。迄今为止，北外已获批开设101种外国语言，成立了37个区域与国别研究中心，丰富的涉外资源正在助力"一带一路"国家的研究。

  大系由外研社具体组织实施。外研社隶属北外，多年来致力于"一带一路"国家的合作交流，服务讲好"中国故事"，在中华思想文化传播、打造中外出版联盟、推动中外学术互译等方面积累了丰富经验，对于协助研究、编著、出版"一带一路"国家文化教育大系具有良好的工作基础。这也是北外及外研社的使命和担当之所在。

  大系编著者以北外教师为主。服务国家重大战略，北外人责无旁贷。同时，国内有研究专长和研究意愿的专家学者也踊跃参与，他们或独自撰著一书，或与北外同仁合作。大系还邀请了驻外使领馆的同志和对象国的学者参加撰写或审稿，他们运用一手资料，开展实地调研，力图提升大系的准确性。

四、结语

  "一带一路"倡议植根历史，更面向未来；源于中国，更属于世界。"一带一路"作为文明互鉴的桥梁，从亚欧大陆延伸到非洲、美洲、大洋洲，与世界各国发展战略及众多国际和地区组织的发展实现对接联通，在通路、通航的基础上更好地通商，进而开展文化教育交流与沟通，加强商品、资金、技术、文化、教育流通，达成互学互鉴的文明愿景。"一带一路"倡议的目标是中国与"一带一路"国家在互联互通基础上分享优质产能，共商项目投资，共建基础设施，共享合作成果，内容包括政策沟通、设施联通、贸易畅通、资金融通、民心相通"五通"。"一带一路"倡议肩负重大使命，它要探寻经济增长之道，将中国自身的产能优势、技术与资金优势、经验与模式优势转化为市场与合作优势，实行全方位开放，共享中国改革发展红利；它要实现全球化再平衡，鼓励向西开放，带动西部开发以及中亚、蒙古等内陆国家和地区的开发，在国际社会推行全球化的包容性发展理念，主动向西推广中国优质产能和比较优势产业，惠及沿途、沿岸国家，避免西方国家所开创的全球化造成的贫富差距和地区发展不平衡情况，推动建立持久和平、普遍安全、共同繁荣的和谐世界；它要开创地区新型合作，强调共商、共建、共享原则，超越了马歇尔计划和传统的对外援助活动，给21世纪的国际合作带来了新的理念。所以，新时代中国的教育学者应当将"一带一路"国家文化教育研究作为比较教育新的增长点，全面深入开展研究，以自己的聪明才智丰富学术，为国出力，服务国家重大发展战略；在加强与"一带一路"国家的交流合作中，推动"一带一路"建设高质量发展，努力建设高质量的中国教育体系，并积极参与新时代全球教育治理体系改革，加快构建以国内大循环为主体、国内国际双循环相互促进的新发展格局。

2024 年 5 月
于北京外国语大学

（王定华，北京外国语大学党委书记、博士、教授、博士生导师，国家督学。历任河南大学教师、中国驻纽约总领事馆教育领事、教育部基础教育一司司长、教育部教师工作司司长等。）

本书前言

卢旺达是一个美丽的山地高原国家，地形崎岖，是非洲地势最高的国家之一，狭小的国土上分布着1 800多个大大小小的山丘，有"千丘之国"之称。我为有机会承担"一带一路"国家文化教育大系卢旺达卷的撰写工作而深感荣幸。之所以选择卢旺达，是因为我当时在承担外国留学生的研究生课程，其中就有几位学生来自卢旺达，收集资料可以得到这几位同学的帮助。

本书第一章和第二章主要介绍卢旺达的自然地理、国家制度、社会生活、历史沿革、风土人情、文化名人等内容，以便为读者提供卢旺达的整体风貌。第三章梳理了卢旺达的教育历史，主要对独立前、独立后至大屠杀前、大屠杀后三个阶段的教育进行了梳理。第四章到第九章对卢旺达学前教育、基础教育、高等教育、职业教育、成人教育、教师教育的发展和现状、特点和经验、挑战和对策进行了描述与分析，试图勾勒出卢旺达教育发展的整体概貌。第十章介绍了卢旺达教育政策和规划，分析了在政策实施过程中的挑战。第十一章介绍了卢旺达中央和地方教育行政机构的运行机制、主要职责，并以此为基础分析了卢旺达教育行政当前面临的主要问题。第十二章梳理了中国与卢旺达之间的教育交流合作历史与现状，重点介绍了卢旺达的中文教育现状，分析了其取得的成效及面临的挑战。

本书由来自卢旺达的留学生前进（Bikorimana Etienne）提供原始资料，然后由我的研究生冯坤元、李文芳、刘妮、李青、陈小红等人初步整理、翻译，由邸光飞同学负责卢旺达大使馆等相关人士的联络工作，我撰写书稿后提交外语教学与研究出版社，最后根据出版社意见修改完善。在此特别向以上同学的付出致以诚挚的谢意！

  非常感谢北京外国语大学党委书记、中国教育学会副会长王定华教授提供的撰著机遇，感谢外语教学与研究出版社总编辑刘捷编审的信任和重托，感谢我的师兄浙江师范大学原副校长楼世洲教授及浙江传媒学院金芳颖博士提供的卢旺达教育相关图片资料。我还要感谢我的师妹、现浙江省教育厅教研员庄曼丽，她帮我联系到浙江金华职业技术学院的杨灿老师、中国电建集团华东勘测设计研究院卢旺达那巴龙格二号水电站设计团队和水电水利工程院赵英主任，他们在百忙之中也为本书提供了大量宝贵的图片资料。我更要感谢外研社孙凤兰编审、巢小倩副编审的耐心指导和无私帮助。在教学与科研任务比较繁重的情况下，如果没有外研社工作团队的指导和敦促，本书不可能完成。

  目前，国内的非洲国别研究主要集中在政治、经济和历史领域，关于卢旺达教育类著作只有张荣建教授编著的《卢旺达教育、语言政策与社会发展研究》，且教育仅是其中的一部分。希望本书的出版能为非洲国别教育研究添砖加瓦，也能让读者对卢旺达的文化教育发展情况有更全面的了解。我自知对卢旺达诸多教育问题的了解仍不够深入，本书如有疏漏和不尽如人意的地方，恳请各位专家和读者批评指正。

陈建录

2024年5月于天津职业技术师范大学职业教育学院

目 录

第一章 国情概览 ... 1
第一节 自然地理 ... 1
　　一、地理位置 ... 1
　　二、地形地貌 ... 1
　　三、气候水文 ... 2
　　四、自然资源 ... 3
　　五、国家公园 ... 6
第二节 国家制度 ... 7
　　一、行政区划 ... 7
　　二、国家象征 ... 8
　　三、政治制度 ... 10
第三节 社会生活 ... 19
　　一、人口概况 ... 19
　　二、经济状况 ... 20
　　三、医疗卫生 ... 21
　　四、重要节日 ... 23

第二章 文化传统 ... 25
第一节 历史沿革 ... 25
　　一、古代史 ... 25
　　二、近代史 ... 27
　　三、现代史 ... 30
第二节 风土人情 ... 37
　　一、饮食文化 ... 37

二、待客礼仪……………………………………………37
　　三、独特风俗……………………………………………38
第三节　文化名人……………………………………………39
　　一、亚历克西·卡加梅…………………………………39
　　二、著名音乐人…………………………………………40

第三章　教育历史……………………………………………41
第一节　独立前的教育历史…………………………………41
　　一、殖民前的传统教育…………………………………41
　　二、殖民时期的教育……………………………………42
第二节　独立后至大屠杀前的教育历史……………………45
　　一、20世纪60年代全民基础教育………………………45
　　二、20世纪70年代教育改革……………………………46
　　三、20世纪90年代教育制度调整………………………56
第三节　大屠杀后的教育历史………………………………57
　　一、大屠杀对教育的影响………………………………57
　　二、爱国阵线执政后的教育改革………………………58

第四章　学前教育……………………………………………65
第一节　学前教育的发展和现状……………………………65
　　一、学前教育的历史发展………………………………65
　　二、学前教育的现状……………………………………66
第二节　学前教育的挑战和对策……………………………71
　　一、学前教育面临的挑战………………………………72
　　二、学前教育的发展对策………………………………74

第五章 基础教育 76
第一节 基础教育的发展和现状 76
一、基础教育的历史发展 77
二、基础教育的现状 77
第二节 基础教育的特点 86
一、普职融通，教育体系较完善 86
二、不断加大教育经费投入，重视普及免费教育 87
第三节 基础教育的挑战和对策 88
一、基础教育面临的挑战 88
二、基础教育的发展对策 90

第六章 高等教育 92
第一节 高等教育的发展和现状 92
一、高等教育的历史发展 92
二、高等教育的现状 97
第二节 高等教育的特点和经验 104
一、高等教育的特点 104
二、高等教育的发展经验 107
第三节 高等教育的挑战和对策 111
一、高等教育面临的挑战 111
二、高等教育的发展对策 117

第七章 职业教育 120
第一节 职业教育概况 120
一、资格框架 121

二、质量标准 ··· 122
　　三、质量审查 ··· 122
　　四、资格认证 ··· 123
　　五、质量保证 ··· 123
　　六、职业教育发展计划 ······································· 124
  第二节 职业教育组织机构 ··· 126
　　一、卢旺达职业技术教育和培训委员会 ············ 126
　　二、卢旺达理工学院 ··· 127
　　三、恩戈马综合理工区域学院 ·························· 128
  第三节 职业教育的挑战和对策 ································· 132
　　一、职业教育面临的挑战 ································· 132
　　二、职业教育的发展对策 ································· 133

第八章 成人教育 ··· 137
  第一节 成人教育的发展现状 ····································· 137
　　一、成人教育的历史发展 ································· 137
　　二、成人教育的现状 ··· 139
  第二节 成人教育的挑战和对策 ································· 143
　　一、成人教育面临的挑战 ································· 143
　　二、成人教育的发展对策 ································· 145

第九章 教师教育 ··· 147
  第一节 教师教育的发展和现状 ································· 147
　　一、教师教育的历史发展 ································· 147
　　二、教师教育的现状 ··· 149

第二节 教师教育的特点和挑战············155
一、教师教育的特点············155
二、教师教育面临的挑战············157

第十章 教育政策············160
第一节 教育政策和规划············160
一、教育政策规划概况············160
二、学前教育规划············161
三、基础教育规划············162
四、中长期教育发展战略规划············164
第二节 挑战和对策············168
一、面临的挑战············168
二、应对之策············169

第十一章 教育行政············170
第一节 中央教育行政············170
一、中央教育行政职责············170
二、半自治教育部门············171
第二节 地方教育行政············180
一、地方教育行政主管部门············180
二、其他地方教育行政组织············180
第三节 教育行政面临的挑战············182
一、中央与地方协同能力不足············182
二、地方教育行政部门执行能力差············182
三、教育行政工作跨部门协作难············183
四、政治目标与实现之间的冲突············183
五、资金不足············184

第十二章 中卢教育交流 ·········· 185
第一节 交流历史、现状和原则 ·········· 185
一、交流历史 ·········· 185
二、交流现状 ·········· 187
三、交流原则 ·········· 191
第二节 卢旺达的中文教育 ·········· 192
一、卢旺达中文教育现状 ·········· 192
二、卢旺达中文教育面临的挑战 ·········· 194

结　语 ·········· 196

参考文献 ·········· 200

第一章 国情概览

第一节 自然地理

一、地理位置

卢旺达共和国,简称卢旺达,位于非洲中东部赤道南侧,为内陆国家,东连坦桑尼亚,南界布隆迪,西与西北和刚果(金)为邻,北与乌干达接壤,国土面积 26 338 平方千米,是非洲大陆最小的国家之一。

二、地形地貌

卢旺达境内多山地和高原,地形崎岖,是非洲地势最高的国家之一,狭小的国土上分布着 1 800 多个大大小小的山丘,有"千丘之国"之称。卢旺达全境由西向东倾斜,西北部与刚果(金)和乌干达的交界处属火山地带,由火山断层和巨大熔岩石堆形成的比隆加高原群山起伏,森林茂密。西部除基伍湖外,整个区域自北向南绵亘着巍峨山脉,最高海拔约 3 000 米,是刚果河和尼罗河的分水岭。这里还是比隆加高原火山群的延伸带,富有肥沃的火山土。中部为中央高原，最高海拔 1 500 米，整体地势较为平坦、开阔，只有中西部高原边缘多陡崖。东部大部分地势较低，多丘陵、沼泽和湖泊，尤其东北部是一望无际的大草原，地势平坦，牧场广阔，水草丰美，是卢旺达的主要牧区，也是非洲最好的牧场之一。

卢旺达的最高点是卡里辛比火山，海拔 4 519 米；最低点在鲁西兹河，海拔 950 米。

三、气候水文

卢旺达虽然位于远离海洋的非洲内陆，大部分地区属于热带高原气候和热带草原气候，但由于平均海拔较高，又受印度洋吹来的东南信风的影响，年平均气温不超过 20℃，各地年温差变化不大，气候凉爽宜人，四季如春，素有"常青之国"的美誉，是非洲赤道地区一块风景秀丽的"绿洲"，拥有得天独厚的旅游资源。

卢旺达雨量充沛，有明显的旱季和雨季之分。1—2 月为小旱季，3—5 月为大雨季，6—9 月为大旱季，10—12 月为小雨季。卢旺达年均降水量在 1 200—1 600 毫米，从西向东随着海拔降低而逐渐减少。西部多山，降水量较大，比隆加高原年平均降雨量为 1 500 毫米，最多时可达 1 800 毫米。东部地区年降水量为 800 毫米，干旱时间持续较长。卢旺达的降水量和降水次数因季节不同而有显著差异，大雨季到来时往往降水量集中，有时暴雨成灾，而暴雨过后又会出现长时期的严重干旱，有些年份还会导致粮食减产，甚至出现饥荒。总之，卢旺达温和多雨的气候和肥沃的土壤为农牧业生产提供了有利的条件，但山地、丘陵偏多降低了土地利用率，给农业发展带来了不利影响。

卢旺达境内河流湖泊众多，水网密布。西部由于多山且降水量较大，水力资源相当丰富，但因旱季雨季交替，大部分河流水量变化较大。尼亚巴隆戈河为卢旺达最大的河流，流经中央高原，流域面积达 1.86 万平方千米。其他重要的河流还有西部的鲁济济河、南部的阿卡尼亚鲁河和东部的卡盖拉河。阿卡尼亚鲁河是卢旺达和布隆迪的界河。卡盖拉河是一条国际河流，是卢旺达、坦桑尼亚、布隆迪三国的界河，在卢旺达境内流经一个 25 万公顷的自然保护区的边缘。该自然保护区又称卡盖拉国家公园，是非洲物种最多样化的自然保护区之一。

卢旺达的湖泊有 20 多个，最大的是基伍湖，其他较大的有布莱拉湖、莫哈西湖、南乔霍哈湖等。基伍湖实际为卢旺达和刚果（金）共有，是非洲第二高湖，海拔 1 460 米，南北长 98 千米，东西宽 48 千米，面积 2 816 平方千米。基伍湖平均深度 240 米，最深处达 488 米。基伍湖是因地壳断裂而形成的大淡水湖，四周群山环抱、林木葱郁，湖岸陡峻曲折，湖中岛屿众多，岛上气候凉爽，绿树繁花，环境幽雅。基伍湖湖滨土地肥沃，人口稠密，是良好的农渔业区。湖中盛产鱼类和水鸟，每当遇有游人惊动，万鸟齐飞，遮天蔽日，景象蔚为壮观。基伍湖中没有鳄鱼，这在非洲很难得，湖水清澈，是非洲著名的旅游休养胜地。但是，基伍湖平静迷人的水面下却潜伏着可怕的危机，深藏湖底的大量二氧化碳气体易受附近火山爆发的影响，一旦泄露会造成巨大的灾难。要避免如此可怕的后果，最安全的办法就是"放气"，即将湖底的二氧化碳吸出湖面逐步释放掉，从而消除隐患。由于湖太大太深，"放气"非常困难，需要投入大量资金安装排气管及其附属装置。鉴于经济原因，卢旺达需要得到足够的国际援助才能确保基伍湖的安全。

四、自然资源

卢旺达矿产资源贫乏，受人力、财力、技术等因素所限，政府尚未对全国的矿产资源进行全面的勘探和评估。卢旺达已开采的矿藏主要有锡、钨、铌、钽、锌、铀、绿柱石、黄金等，已探明的锡矿蕴藏量约 10 万吨，钨锡矿是卢旺达的主要矿种，主要有石英脉型钨锡矿和伟晶岩型锡矿两种，尼亚卡班戈钨矿是非洲最大的钨矿之一。[1] 目前，卢旺达是钽的出口国，铌钽蕴藏量估计为 3 000 万吨[2]，每年产钽铌矿砂约 1 500 吨[3]。钽是制造冷凝器必不可少的金属。

卢旺达石油资源匮乏，所有的石油产品都需要进口，故很容易受到国际石油价格的冲击。卢旺达的低碳能源资源比较丰富，主要有天然气、水能、太阳能以及地热能等。基伍湖水下蕴藏着约 600 亿立方米的天然气，每年可再生 2 亿立方米，但尚未得到大规模的开发利用。[4] 这一能源为卢旺达和刚果（金）共有，两国从 20 世纪 70 年代开始合作开发。

卢旺达境内多山、多丘陵的地貌以及热带高原和热带草原气候，使各种动植物在这块土地上得以繁衍和生息。卢旺达是非洲大陆 40%的哺乳动物的家园，哺乳动物种类达 400 种。卢旺达鸟类繁多，共有千余种，爬行动物和两栖动物近 300 种，高等植物近 6 000 种。卢旺达的动物主要分布在西北部的卢旺达火山国家公园和东北部的卡盖拉国家公园。这两个国家公园和纽恩威国家公园所发现的大型哺乳动物种类最多，此外还有一些稀有或濒危的植物物种，如猫尾树和几内亚鸡冠兰等。

卢旺达四季如春，植被苍翠茂盛，森林几乎全是天然林，面积约 62 万公顷，占全国面积的 24%。[5] 卢旺达的西北部和西南部至今仍保留着大片茂密的原始森林。卢旺达盛产乌木、紫檀木、桃花心木等名贵木材。纽恩威森

---

[1] 中华人民共和国驻卢旺达共和国大使馆. 卢旺达概况[EB/OL].（2020-07）[2023-05-19]. http://rw.china-embassy.gov.cn/zjlwd/202007/t20200727_6149900.htm.

[2] 中华人民共和国驻卢旺达共和国大使馆. 卢旺达概况[EB/OL].（2020-07）[2023-05-19]. http://rw.china-embassy.gov.cn/zjlwd/202007/t20200727_6149900.htm.

[3] 王新俊. 卢旺达拟出台新矿产法吸引投资 或将彻底改变矿业规则[J]. 西部资源，2014（2）：57.

[4] 王新俊. 卢旺达拟出台新矿产法吸引投资 或将彻底改变矿业规则[J]. 西部资源，2014（2）：57.

[5] 中华人民共和国驻卢旺达共和国大使馆. 卢旺达概况[EB/OL].（2020-07）[2023-05-19]. http://rw.china-embassy.gov.cn/zjlwd/202007/t20200727_6149900.htm.

林是现存最大的天然林，树木种类高达200多种，以常绿、落叶混交林为主。[1] 卢旺达火山国家公园的植物以竹类为主，还有小面积的树木。卡盖拉国家公园的所有植物中以金合欢树为最多。多年来，由于垦荒扩田、乱砍滥伐和火灾等原因，国家林地资源遭到严重破坏，约有5万公顷森林和林地被毁。2015年，卢旺达的森林面积占比下降到19.5%。卢旺达的目标是到2035年将其森林面积占比扩大到30%，以满足国际热带木材组织和国际自然保护联盟的要求。[2]

卢旺达宜人的气候使各种各样的奇花异草在这里争奇斗艳。首都基加利的芒密达兰德植物园生长着各种非洲热带花卉、树木和草本藤类植物。千姿百态的平顶树、神仙树、红棉树、桉树等招徕游人驻足观看。植物园中有一种会"笑"的树，有风的时候会发出"哈哈"的笑声，初来乍到的人常常被这种笑声迷惑，当地人把这种树称作"笑树"。"笑树"是一种小乔木，能长到七八米高，树干呈褐色，叶子椭圆。每个枝杈间都长有皮果，形状很像铃铛。皮果内生有很多小滚珠似的皮蕊，能在皮果里滚动；皮果的外壳长满了斑点似的小孔。每当微风吹来，皮果迎风摇曳，由于皮果的外壳又薄又脆，皮蕊在里面滚动就会发出阵阵声响，酷似人的笑声，风越大声音越响。

卢旺达的气候条件还很适宜高品质玫瑰花的生长。这里栽培的玫瑰花可长到80厘米高，只需44天就能开花。目前，卢旺达的玫瑰花已远销欧洲市场。巴西木在非洲国家并不少见，但卢旺达的巴西木有其独特之处，除了长得高耸挺拔外，可根据叶片分为两种，一种是叶片中间呈金黄色、两边为绿色的"黄芯绿边"，另一种是叶片中间呈深绿色、两边为黄绿色的"绿芯黄边"。两种巴西木都十分美丽，不少到卢旺达的外国人都喜欢带走几株，回家后泡

---

[1] 李天润，陈爽. 1990年以来卢旺达森林转型路径及趋势模拟[J]. 资源科学，2022，44（3）：494-507.

[2] UMUTONI A, WANG W. Using ArcGIS to analyze land availability for Rwanda's forest area expansion[J]. American journal of environmental and resource economics, 2019, 3(3): 31.

在水里就能成活。

五、国家公园

（一）卢旺达火山国家公园

卢旺达火山国家公园是维龙加火山群的一部分。维龙加火山群是东非著名火山群，位于卢旺达、刚果（金）、乌干达三国的交界地带，以风景秀美著称，二战后被一分为三，分别是刚果（金）维龙加国家公园、乌干达鲁文佐里国家公园和卢旺达火山国家公园。卢旺达火山国家公园海拔高度在2 300—4 500米，周围人口稠密，人口密度高达每平方千米1 000人。园内群山起伏，生长着大片茂密的原始森林，众多动物在此栖息，其中有十分珍奇且濒于绝种的山猩猩。山猩猩性情温顺，不害怕人并会同游人握手。目前，山猩猩仅剩不足200只，是联合国专门拨款保护的动物。园内还生活有670种鸟类，从东到西分布有所不同。西部的纽格威森林发现过280种鸟类，其中包括鲁文佐里蕉鹃和艳鹦鸪在内的26种为艾伯丁裂谷特有，东部则拥有如乌头黑伯劳之类的稀树草原鸟类，以及习惯生活在沼泽和湖泊地区的鹳和鹤等。

（二）卡盖拉国家公园

卡盖拉国家公园以秀丽的风景、宜人的气候、珍奇的野生动物而闻名，是卢旺达最大的自然保护区和野生动物园。卡盖拉国家公园创建于1934年，面积1 080平方千米。园内被热带灌木林、草原和原始森林覆盖，土肥草绿，一片葱郁，多湖泊和沼泽地。山谷间镶嵌着大小湖泊二十多个，多为绿树成荫、鲜花盛开的山峦所环抱。卡盖拉国家公园栖息着近600种鸟类和超过50种大型哺乳动物，其中包括不少濒危物种。[1]"伊帕拉"羚羊是数目最多的哺乳动物，这里还是皇冠鹤、秃鹳、白鹭等鸟类的栖息地，其中皇冠鹤是卢旺达的国鸟。

（三）纽恩威国家公园

纽恩威国家公园是非洲最大、最古老的山区雨林之一，拥有中东非地区最大群落的高山树林，占地约1 013平方千米，横跨卢旺达东南部风光旖旎的群山。公园海拔在1 500—3 000米，地貌崎岖不平，既有枝繁叶茂的树林、竹林，也有视野开阔、繁花似锦的沼泽地。这里花木和动物的多样性也是罕见的，园内有百余种兰花、十余种灵长类动物、近300种鸟类和一些其他种类的哺乳动物、爬行动物。[2]

第二节 国家制度

一、行政区划

卢旺达行政区域划分为省（直辖市）、县（市）和乡镇。根据《2019年卢旺达统计年鉴》，卢旺达有4个省和一个直辖市，分别是东部省、北部省、西

---

[1] 成诗怡，侯方淼，玛尼. 基于社会-生态系统（SES）框架的卢旺达国家公园管理绩效评价及启示[J]. 林草政策研究，2022，2（3）：89-96.

[2] 成诗怡，侯方淼，玛尼. 基于社会-生态系统（SES）框架的卢旺达国家公园管理绩效评价及启示[J]. 林草政策研究，2022，2（3）：89-96.

部省、南部省和基加利市。省或直辖市下设40个县（市）、416个乡镇，主要的中心城市有胡耶、穆桑泽、基本戈、鲁巴伍。

基加利是卢旺达的首都，位于中部高原，是一座新兴山地城市，也是全国政治、经济、交通中心和避暑游览胜地。基加利虽然距离赤道较近，但因海拔较高，加上季风带来的雨水，年平均温度19℃，气候清爽宜人。全城山山相连，岗岗环绕，林木葱郁，花果飘香，蝶飞鸟鸣，环境幽雅。2008年，基加利以其宜人的气候、洁净的环境、良好的交通和安全状况，成为非洲第一个获得"联合国人居奖"的城市。

二、国家象征

卢旺达国旗启用于2001年，由一位工程师兼艺术家设计。国旗长宽比例为3∶2，为蓝黄绿三色旗。蓝色代表人民必须为和平而战方能使经济持续增长并过上快乐生活；黄色代表人民必须安居乐业以促进永久的经济发展；绿色象征希望，也象征国家的资源。右上方有一个二十四道光芒的太阳标志，二十四道光芒指引着全国人民，也象征团结一致、纯真透明和对抗无知的奋斗。

卢旺达国徽启用于2001年。国徽图案由高粱穗、咖啡枝、草编篮子、盾牌、齿轮和打结的飘带等组成，寓意繁荣、爱国、科技、团结等。国徽上标有用卢旺达语写的格言：团结、劳动、爱国。最外围为绿色的和平结，象征团结。

卢旺达国歌是《美丽的卢旺达》，歌词大意如下：

美丽的卢旺达，我们的国家

山地，湖泊和火山之国

祝福祖国

让我们赞美您，称扬您的伟大

您带领我们前进，把我们连在一起
是啊，您长存于此，值得称扬

上帝与您同在，我们宝贵的遗产
亏欠您的无法衡量
共同文化是我们的身份
语言使我们团结

我们勇敢的祖先
用最好的东西
使您成为一个伟大的国家
您与外国统治斗争
降临至非洲的独立
是您的奖赏
我们都会守护它

坚持到底，亲爱的卢旺达
我们准备为您做出牺牲
和平在人民中间盛行
您可生活在无限自由中
愿您以热情闻名
愿您锻造优势
愿您与所有国家和平相处
愿尊严成为您的力量

三、政治制度

（一）政体

卢旺达实行半总统制。1994年，卢旺达新政府成立，宣布实行五年过渡期和以卢旺达爱国阵线为主导、多党参政、禁止党派活动的政治管理模式。卢旺达政府奉行民族和解和团结政策，接待并安置回国难民，审判1994年大屠杀罪犯，政局逐渐稳定。1999年6月，卢旺达政党论坛讨论决定过渡期再延长四年。2000年4月，爱国阵线领导人保罗·卡加梅在议会和内阁联席会议上被推举为总统。卡加梅对内开展良政建设，抓国家重建和经济恢复，同时大力倡导民族和解，召开第一届全国团结与和解大会，对外逐步调整与西方国家的关系，努力争取外援，执政地位逐步巩固。2003年5月，卢旺达全民公决通过新宪法；8月，卢旺达举行1994年以来首次多党总统大选，卡加梅正式当选总统，任期7年；9月，议会参众两院选举中，爱国阵线及其联盟获半数议席；10月，多党联合政府组成，贝尔纳·马库扎出任总理。卢旺达平稳结束过渡期。2008年9月，卢旺达举行议会选举，爱国阵线及其竞选联盟以78.7%的高票获胜。此后，政府积极开展良政建设，促进经济发展，缓和社会矛盾，政局保持稳定。2017年8月，卢旺达再次举行总统大选，卡加梅以98.79%的得票率再次胜选。

（二）宪法

1962年7月1日，卢旺达宣告独立，成立共和国。1962年11月，卢旺达颁布第一部宪法。《宪法》规定，卢旺达实行总统制，立法、行政、司法三权分立。1973年，卢旺达发生军事政变，同年7月第二共和国成立，第一部宪法随之废止。

1978年12月，经公民投票，卢旺达第二部宪法通过。《宪法》规定卢旺达是一个"民主、社会和主权的共和国"，一切权力源于人民；国家主权属于卢旺达人民，卢旺达人民通过其代表或以公民投票的方式行使国家主权；共和国政府是人民的政府，来自人民，为了人民；公民在法律面前一律平等，不因种族、肤色、出身、部族、集团、性别、信仰或地位差别而受歧视；所有公民有权自由组织团体和协会。《宪法》还规定全国发展革命运动（执政党）的任务是集中和团结卢旺达人民的力量，以便在和平与统一中实现国家发展，所有卢旺达人都是该组织的成员；总统是国家元首、政府首脑、武装部队总司令和宪法的最高捍卫者，经直接普选产生，任期5年，可连选连任。全国发展革命运动主席是共和国总统的唯一候选人，若他得不到多数票，则须指定一名新的主席。总统与国民议会共同行使立法权。司法机构是公民权利和自由的捍卫者，总统保证司法独立。宪法的修改权属于总统和国民议会。[1]

1991年5月30日，卢旺达国民议会审议通过了第三部宪法。该《宪法》规定，国家实行多党制，立法、行政、司法三权分立；总统是国家元首和武装部队最高统帅，由直接普选产生，任期5年，只能连任两届；总理是政府首脑，由总统任命。[2]

1995年5月，卢旺达临时国民议会以1991年《宪法》和《阿鲁沙和平协定》及各政党于1994年底通过的协议为基础，又公布了新的宪法。在新宪法中，总统的权力有所削减，国民议会有权解散政府或命令政府成员辞职，军人和宪兵有权在议会中拥有席位。议会是国家的立法机关之一，主要职权是通过法案、监督政府工作、决定国家财政预算等，与总统共同行使立法权和修宪权，议会通过的所有法案须经总统签署后方能生效，总统有权终止和解散议会。

2003年5月26日，经过全民公决，卢旺达通过了新宪法，6月4日新宪法正式颁布实施。2003年《宪法》强调：反对各种形式的种族灭绝，根除"族类、地区以及其他任何形式的差异"，促进民族团结与和解。与此同时，新宪

---

[1] 于红，吴曾田. 卢旺达·布隆迪[M]. 北京：社会科学文献出版社，2011：47.
[2] 于红，吴曾田. 卢旺达·布隆迪[M]. 北京：社会科学文献出版社，2011：47-48.

法宣布建立以尊重人权和政治多元化为基础的法治，保障公民拥有思想、言论、宗教信仰、出版、集会以及和平示威的自由。此外，《宪法》规定实行多党制，准许成立遵纪守法的政治组织。各政治组织可以自由活动，但都不得建立在种族、族群、部落、家族、宗教、地区或其他任何可能会导致歧视性差异的基础上。《宪法》规定卢旺达实行半总统制。总统为国家元首和武装部队最高统帅，由无记名投票直接普选产生，任期7年，可连任一次；总理由总统任命，但不得与总统来自同一政党。政府成员根据各党在议会的比例确定；实行多党制和立法、行政、司法三权分立制度。[1] 2015年12月，卢旺达以全民公决方式通过《宪法修正案》。《宪法修正案》维持总统只能连任一次的规定，将每届任期由7年缩短为5年，同时在新宪法条款生效前设置一个7年过渡期，包括卡加梅在内的任何合法候选人均可参选过渡期总统。

（三）议会

2003年《宪法》规定，议会是卢旺达的立法机构，分为众议院和参议院。众议院的议员称为代表，任期5年，由80名成员组成，包括53名由直接选举或普选产生的代表，24名妇女代表（每个省的妇女团体通过间接选举各选出2名），2名由全国青年委员会间接选举产生的青年代表，1名由残疾人协会联盟间接选举产生的残疾人代表。众议院每年就国家的预算案进行表决，并对预算的执行情况进行监督。[2]

1. 众议院

众议院下设政治事务委员会、经贸委员会、科学文化和青少年委员会、

---

[1] 于红，吴曾田. 卢旺达·布隆迪[M]. 北京：社会科学文献出版社，2011：48-49.
[2] 于红，吴曾田. 卢旺达·布隆迪[M]. 北京：社会科学文献出版社，2011：49-50.

外事与合作委员会、社会事务委员会、国家安全与完整委员会、主权与人权委员会、预算与国家财产委员会、农牧环境委员会。每个委员会至少由5名议员组成。每个议员只能参加一个委员会，并由本人提出申请、经议会领导批准。每个委员会设主任和副主任各一名，任期两年，可连任。副主任是大会报告的起草人。当一个委员会的主任与副主任都缺席会议时，由出席会议的最年长的成员主持会议，由最年轻的成员起草报告。委员会办公室成员由选举产生，任期两年。[1] 提出建议、拟订议案、贯彻执行议会决议和监督政府行为是各常设委员会的共同职责。此外，常设委员会还各负其责。

政治事务委员会负责与政治、行政、司法、媒体有关的事务，受理公民的请愿、申诉，处理涉及家庭、人身、财产、债务以及与婚姻有关的继承等方面的一般事务，修正经最高法院审查后证明与基本法相违背的法律条文，处理有关国家机构及其任期、权限等方面的事务。

经贸委员会负责经济和贸易相关事务，以及与人口普查和国家发展计划有关的事务。

科学文化和青少年委员会负责促进艺术、文学、文化发展相关组织事务，以及任何与青少年、体育活动或休闲有关的事务。

外事与合作委员会负责与非军事对外政策和国际合作有关的事务，与同其他国家或国际组织之间贷款协议有关的事务，以及与政府间组织有关的事务，对议会代表团出访报告中提到的有关事务进行跟踪了解。

社会事务委员会负责与社会问题、人口统计和卫生健康有关事务，以及与鳏寡孤独者福利、社会安全和公共基金有关的事务。

国家安全与完整委员会负责所有与国家安全与完整有关的事务，以及所有与军事合作有关的事务。

主权与人权委员会负责与国家团结、民族和解以及人权问题有关的事务，处理所有引起卢旺达人民不团结的问题，有关卢旺达立法和国际人权公约方面的事务，与人权保护组织有关的事务，以及所有涉及人权保护的政府组织

---

[1] 于红，吴曾田. 卢旺达·布隆迪[M]. 北京：社会科学文献出版社，2011：50.

运作事务。

预算与国家财产委员会负责与国家预算有关的事务，审议与国家财产安排有关的报告，审议并跟踪调查公共账目法庭的报告和决议，以及所有属于国家财产与财产安排方面的事务。

农牧环境委员会负责所有与农业、畜牧业、环境以及旅游有关的事务，以及涉及卫生和生活环境的事务。

《宪法》规定，为了审查某个或某几个政府官员的私人存款，或者为了调查特别问题或收集信息，根据议长或5位以上议员的要求，经国民议会全体会议同意，可以组建特别委员会。当国民议会全体会议就特别委员会的调查报告做出决议后，该委员会的使命即宣告结束。[1]

2．参议院

参议院的议员称为参议员，由26名成员组成，任期8年，女性至少占比30%。在26名参议员中，12名由每个省的地区参议会和县委员会通过秘密投票选举产生；8名由总统提名；4名由政党议会论坛提名，代表卢旺达的各合法政党；2名为来自大学或其他高等教育机构的成员，须至少具备副教授职称，公立机构和私立机构各1人，分别由各自的学术团体选举产生。此外，前国家领导人如果愿意也可以在参议院拥有1个席位。[2]

参议院下设5个机构，分别是全会、议长联席会议、议长办公会、专门委员会、秘书处。其中，全会是最高权力机关；议长联席会议由两名副参议长组成；专门委员会4个，分别为外交合作与安全委员会、社会事务及人权委员会、政治与良政委员会、经济财政委员会；秘书处负责日常事务管理。[3]

---

[1] 于红，吴曾田．卢旺达·布隆迪[M]．北京：社会科学文献出版社，2011：50-51.
[2] 于红，吴曾田．卢旺达·布隆迪[M]．北京：社会科学文献出版社，2011：51.
[3] 中国人大网–外国会议．卢旺达议会[EB/OL]．（2011-05）[2023-05-20]．http://www.npc.gov.cn/npc/c15919/201105/2b91f39a3f484d888b3c584c7eca9547.shtml．

3．立法程序

政府及众议院议员均有权提出议案，议案首先交由众议院例行会议讨论，通过后交给相关专门委员会讨论和修改，专门委员会通过后再提交全会进行记名表决，一般三分之二议员赞成即为通过。如众议院通过的议案在参议院审议职权范围内，还需再提交参议院审议，通过后由总统正式签署生效。[1]

参议员可以就修改宪法、组织法、公有企业的相关法律、基本自由和权利义务的法律、刑法以及法院司法权和刑事案件诉讼程序相关法律进行表决。参议员还可以就国防和安全、选举和公决以及国际协议和条约的相关法律进行表决。此外，参议院选举总统、副总统、最高法院院长、总检察长和副总检察长。参议院也批准下列人员的任命：国家委员会主任及其成员、检察官及其助理、财政总监及其助理、驻外大使及常务代表、省长以及国家机构领导人。如果参议院对表决的法案未予以通过，或是众议院未通过参议院就该法案提出的修改案，则两院选派相同数目的议员成立一个委员会进行磋商，提出折中的议案，但在两院未采用折中议案的情况下，该法案将被退回。

（四）司法

卢旺达《宪法》规定司法权独立，与立法权和行政权相分离，在管理和财政方面都享有自治权。卢旺达司法体系共分四级，即共和国最高法院、高级法院、中级法院、基层法院。高级法院和中级法院下设专门法院，如商事法院、海事法院及军事法院等。[2]宪法将司法机构分为普通司法机构和专门司法机构。普通司法机构包括最高法院、高级法院、省法院和基加利市法院、

---

[1] 中国人大网-外国会议．卢旺达议会[EB/OL]．（2011-05）[2023-05-20]．http://www.npc.gov.cn/npc/c15919/201105/2b91f39a3f484d888b3c584c7eca9547.shtml．

[2] 蒋惠岭，彭何利．卢旺达共和国司法发展战略（2009—2013 年）[N]．人民法院报，2012-10-19（8）．

地区法院和市法院。专门司法机构包括传统的盖卡卡法院和军事法院。省法院以上均设检察院，分为省法院共和国检察院、高级法院总检察院和终审法院总检察院三级。最高法院设院长和副院长各 1 名、法官 12 名，候选人均由参议院根据总统、部长会议和最高司法会议协商后提名（每个职位提名 2 名），以绝对多数的方式选举出来，任期 8 年，只任一届。总统在参议院投票结果出来 8 天后以总统令的方式予以任命。最高法院的院长和副院长或拥有法学学士学位，至少从事 15 年的专业司法工作，并在最高级别的管理机构中表现出众；或拥有法学博士学位，至少从事 7 年的专业司法工作。如最高法院院长和副院长行为不端、无能或犯有严重的专业错误，可由众议院和参议院五分之三以上的成员提议、议会两院以三分之二的多数通过免除其职务。[1]

最高司法会议的职责是：负责研究与司法运作有关的问题，就所有与司法管理有关的问题提出建议或要求；决定法官的任命、晋升或罢免以及司法机构的管理；就所有关于新司法制度的建立或所有关于法官以及隶属于其权限范围内的司法人员的规章制度的提案和建议发表意见。最高法院院长签署最高法院法官和人员的任免和晋升证书。最高司法会议的成员包括最高法院院长和副院长、由最高法院法官选举出的法官（1 名）、高级法院院长、由各省法院和基加利市法院法官选举出的法官（1 名）、由地区法院和市法院选举出的法官（1 名）、由大学法学院的院长选举出的法学院院长（2 名）、全国人权委员会主席和共和国检察官。[2]

军事司法体系由军事法庭和最高军事法院构成。军事法庭审理各级军事人员的犯罪案件。最高军事法院负责审理各级军事人员损害国家安全的案件、暗杀案件以及军事法庭提交的上诉。最高法院审理最高军事法院向其提交的

---

[1] 于红，吴曾田. 卢旺达·布隆迪[M]. 北京：社会科学文献出版社，2011：55-56.
[2] 于红，吴曾田. 卢旺达·布隆迪[M]. 北京：社会科学文献出版社，2011：56.

上诉和在法律规定情形下向其提交的终审判决。[1]

（五）政党制度

自 1991 年 6 月卢旺达实行多党民主以来，国内成立了 16 个合法政党，加上在乌干达成立的卢旺达爱国阵线，共计 17 个。1994 年 7 月爱国阵线执政后，国内尚存 8 个政党参加国民议会，分别是卢旺达爱国阵线、共和民主运动、自由党、基督教民主党、社会民主党、卢旺达社会党、伊斯兰民主党和卢旺达人民民主同盟。1994 年下半年，爱国阵线以"集中力量搞建设"为由，与各党相约，停止政党活动。此后，除爱国阵线有自己的党部，从中央到基层活动不受限制外，其他各政党组织均不健全，也无办公地点。1998 年 5 月，爱国阵线松动党禁，鼓励各政党积极参政、议政，并鼓励各政党改革领导机构，修正各自在 1994 年大屠杀期间所犯的错误，以此来推动和实现民族和解。共和民主运动、自由党、基督教民主党也相继召开会议，进行改革，并进一步向爱国阵线靠拢。2003 年 6 月，卢旺达国民议会通过政党法，强调团结与平等的原则,反对民族、地区、宗教分裂；规定成立政党须有全国 120 名创始成员的签名，法官、检察官、军人、警察及治安人员不得加入政党。目前，重新登记获政府承认的合法政党共有 7 个。

卢旺达爱国阵线，执政党，原名卢旺达全国统一联盟，由流亡在乌干达、布隆迪的图西族难民和前哈比亚利马纳政权的胡图族反对派于 1979 年在乌干达成立，是一个以"武装返卢"为宗旨的反政府难民组织，1987 年 12 月改为现名。爱国阵线建党的纲领是：恢复民族团结、实现真正民主、发展国民经济、反对腐败、保护人身财产安全、解决难民问题、改善群众福利、调整外交政策。1990 年 10 月 1 日，爱国阵线从乌干达向国内发动军事进攻，与卢旺达

---

[1] 于红，吴曾田. 卢旺达·布隆迪[M]. 北京：社会科学文献出版社，2011：56.

政府军发生激烈战斗，引发内战。经坦桑尼亚等国调解，爱国阵线和卢旺达政府在举行了多次和谈后，于1993年8月正式签署《阿鲁沙和平协定》。1994年4月，卢旺达总统哈比亚利马纳座机被炸，国内爆发了针对图西族和胡图族的大屠杀。爱国阵线提出"制止屠杀、解救人民"，向政府军发动大规模进攻，并最终夺取政权。爱国阵线执政后，提出加强和平与安全、健全各级机构、恢复巩固民族团结、遣返安置难民、改善群众生活、振兴国民经济、巩固民主和调整外交政策等八项施政纲领。1994年7月，以爱国阵线为主导、多党参政的民族团结政府组成，11月25日又组成了由各党派和爱国阵线军方代表参加的国民议会。爱国阵线通过在政府和议会占据各关键职位和以军队为后盾，牢牢掌握国家政权。1995年8月、1997年3月和1999年2月，爱国阵线对政府和议会进行三次重大改组，其主导地位进一步加强，政权不断巩固，政局保持稳定。2002年12月，爱国阵线召开政治局扩大会议，制定了未来行动计划，选举弗朗索瓦·恩加兰贝为总书记。2005年12月，爱国阵线召开第六届全国代表大会，重点讨论了未来三年行动计划、推进国家行政制度改革、促进民主与发展等议题。会议重新选举了党的领导机构，卡加梅和恩加兰贝分别再次当选党主席和总书记。

社会民主党，参政党，1991年7月1日成立，以南方知识分子居多。该党现有2人出任政府部长，在议会中占7席。

自由党，参政党，1991年7月14日成立，以图西人为主。该党现有2人任政府部长，1人任国务秘书，在议会中占6席。

中间民主党，1991年6月30日成立，原名基督教民主党，为更正1994年大屠杀期间所犯错误，淡化宗教色彩，1998年改为现名。该党有1人出任政府部长，在议会中有3个席位。

理想民主党在议会中占2个席位，卢旺达社会党和卢旺达人民民主同盟在议会中各占1个席位。

第三节 社会生活

一、人口概况

2022 年，卢旺达人口约为 1 330 万人，首都基加利人口 120 万人。[1] 人口密度为每平方千米 503 人，是非洲大陆人口密度最大的国家；农业人口占 85%，贫困人口占 37%，平均预期寿命 67.8 岁。卢旺达的华人约 3 000 人，主要分布在基加利市，其中个体经营人员约 2 000 人。[2]

2021 年，卢旺达 0—14 岁人口占比为 39.2%，属于严重多子化[3]，15—64 岁人口占比为 57.5%，65 岁及以上人口占比为 3.2%，尚未步入老龄化社会；从性别结构来看，卢旺达男性人口占比为 49.2%，女性占比为 50.8%，男女性别比为 96.7；从城乡结构来看，卢旺达城镇化率为 17.6%，城镇人口为 233.2 万人，比上年增长了 7.4 万人，相比 2011 年增长了 58.9 万人，农村人口数量为 1 094.4 万人，占总人口比重为 82.4%。[4] 卢旺达人口分布不平衡，农业集中的省份也是人口密集的地区。

卢旺达的官方语言为卢旺达语、英语、法语和斯瓦希里语。国语为卢旺达语，部分居民讲斯瓦希里语。56.5%的居民信奉天主教，26%信奉基督教新教，4.6%信奉伊斯兰教。[5]

---

[1] 中华人民共和国外交部. 卢旺达国家概况[EB/OL].（2023-01）[2023-05-16]. https://www.mfa.gov.cn/web/gjhdq_676201/gj_676203/fz_677316/1206_678068/1206x0_678070/.

[2] 商务部国际贸易经济合作研究院、中国驻卢旺达大使馆经济商务参赞处，商务部对外投资和经济合作司. 对外投资合作国别（地区）指南 卢旺达（2021 年版）[R/OL].（2022-01）[2023-05-20]. http://www.mofcom.gov.cn/dl/gbdqzn/upload/luwangda.pdf.

[3] 根据人口学统计标准，一个社会 0—14 岁人口占总人口的比例在 15%以下为超少子化，15%—18%为严重少子化，18%—20%为少子化，20%—23%为正常，23%—30%为多子化，30%—40%为严重多子化，40%以上为超多子化。

[4] 数据来源于世界银行网站。

[5] 中华人民共和国外交部. 卢旺达国家概况[EB/OL].（2023-01）[2023-05-16]. https://www.mfa.gov.cn/web/gjhdq_676201/gj_676203/fz_677316/1206_678068/1206x0_678070/.

二、经济状况

卢旺达是东非共同体、世界贸易组织、中部非洲国家经济共同体、东部和南部非洲共同市场成员。货币为卢旺达法郎。

卢旺达经济以农牧业为主，粮食不能自给，曾被联合国宣布为世界最不发达国家之一。1994 年的内战和大屠杀使国家经济崩溃。大屠杀以来，卢旺达尽管面临艰巨的挑战，但其社会、政治和经济仍然快速发展。在新政府的领导下，和平与民主被置于优先地位，政府采取各种措施推进国家基础设施现代化，并向人民提供关键领域的社会公共服务，提升国家人力资本水平。新政府采取发行新货币、实行汇率自由浮动、改革税收制度、私有化等一系列措施，使经济逐步获得恢复；公共服务遵循以结果为导向和对腐败零容忍原则，积极争取国际发展资金等外部援助，使卢旺达成为发展援助的重要受益者。1998 年，卢旺达制定了 2020 年进入中等收入国家行列的"2020 年愿景"，希望加快发展现代农业，大力发展信息产业和会展经济，努力缓解能源短缺困难，经济保持较快速度增长。继"2020 年愿景"后，2020 年卢旺达又制定了"2050 年愿景"规划，提出到 2035 年把卢旺达建设成为中等偏上收入国家，到 2050 年把卢旺达建设成为高收入国家。[1]

政府的这些举措加速了国家的工业化进程。自 20 世纪 90 年代以来，卢旺达人均收入增加了 3 倍多，同时在人类发展和减贫方面取得了重大进展，人民生活水平逐渐提高。2022 年，卢旺达 GDP 总量估计为 137.16 亿卢旺达法郎，高于 2021 年的 109.3 亿卢旺达法郎，服务业占 GDP 的 47%，农业占 GDP 的 25%，工业占 GDP 的 21%，净直接税为 7%。[2]

虽然卢旺达目前还是一个低收入国家，但其人均 GDP 领先撒哈拉以南非

---

[1] 转引自 2021 年第二季度《伦敦经济季评论》。
[2] 数据来源于卢旺达国家统计局网站。

洲 20 多个国家。近年来，卢旺达出现了新的经济部门，如充满活力的生态和商业旅游业以及食品加工业部门，现有工业规模也有所扩大。2022 年，卢旺达工业增长率为 5%，对整体增长贡献了 0.9 个百分点，这一增长归因于制造业活动增长了 11%，采矿和采石活动增长了 15%。[1] 卢旺达农业增长率一直是非洲大陆最高的国家之一，2022 年，卢旺达农业增长速度为 2%，对整体增长贡献了 0.4 个百分点，粮食作物减少了 1%；出口作物增长了 4%。[2] 随着对卫生系统的大量投入和保健服务质量的改善，卢旺达在改善成人生存率和降低产妇死亡率方面取得了很大进展，已接近中低收入国家的水平。现在，产妇普遍能获得产前护理，超过 90%的妇女从熟练的分娩照料中受益。

三、医疗卫生

过去，卢旺达的卫生部门以传统医学为基础，常常用各种草药来治病，整个社会对传统治疗师都有着强烈的信任。

现在，卢旺达医疗卫生部门日益健全，有规划监测评估与融资总局、临床和公共卫生服务总局、医疗机构服务总局、紧急医疗服务司和特别项目执行总局等部门。其中，规划监测评估与融资总局主要负责政策制定、宣传，研究和资源整合，医疗规划，监测评估，卫生筹资，协调合作伙伴以及发布卫生信息等。临床和公共卫生服务总局的职能是负责统筹卫生服务的总体战略管理、政策制定、协调、监督和评估，此外还负责管理和监督社区、区、市三级卫生保健，确保提供优质服务。医疗机构服务总局负责统筹总局及下级部门的各种服务活动。紧急医疗服务司主要负责在初级医疗救助措施实施

---

[1] 数据来源于卢旺达国家统计局网站。

[2] 数据来源于卢旺达国家统计局网站。

和医疗机构转移期间，及时处理各种危及病人生命的紧急情况。特别项目执行总局的主要职责有：管理卫生部物资、服务和工程的采购效率，同时确保遵守国家采购准则和程序；确保为卫生部编制年度采购计划，并确保及时有效地实施该计划；根据《国家财政组织法》的要求编写卫生部的财务报告，保护卫生部资产；协调信息技术战略的制定和实施以提高卫生部的绩效，管理和支持 IT 系统和应用程序并维护其安全。[1]

卢旺达整体医疗水平不高，医疗设施和条件有待改善，但政府一直致力于医疗卫生服务建设。2018 年，卢旺达有 8 家公立转诊医院、4 家省级医院、36 家地区医院、504 所健康中心，[2] 以满足民众医疗需求。除此之外，政府正在推行全国性医疗保险计划，已有超过 70%的人口加入该项计划。目前医疗卫生覆盖率为 67.6%，社区医疗保险覆盖率为 79%，[3] 医疗卫生水平不断提升，国民平均健康水平和平均寿命都有所提升。在 2019—2020 财年预算中，全国经常性医疗卫生支出占预算支出的 19%，按照购买力平价计算，人均经常性医疗卫生支出为 220 美元。另据卢旺达统计局数据，2015 年医疗卫生支出占 GDP 的 8%。截至 2020 年，全国有 1 518 名医生和 12 009 名护士及助产士，医生人口比为 1∶8 247，护理和助产人员人口比约为 1∶1 198。卢旺达计划在布雷拉地区建立一个现代化的医疗教学医院——全球医疗平等大学，为医生、护士和医护管理人员提供一流的教学培训。[4]

根据 2014—2016 年卢旺达保健中心发布的数据，卢旺达排名前五的疾病有疟疾、急性呼吸道感染、急性呼吸道感染并发症、身体创伤和骨折、肠道疾

---

[1] 资料来源于卢旺达卫生部网站。

[2] 数据来源于《2019 年卢旺达统计年鉴》。

[3] 商务部国际贸易经济合作研究院，中国驻卢旺达大使馆经济商务参赞处，商务部对外投资和经济合作司．对外投资合作国别（地区）指南 卢旺达（2021 年版）[R/OL]．（2022-01）[2023-05-20]．http://www.mofcom.gov.cn/dl/gbdqzn/upload/luwangda.pdf．

[4] 商务部国际贸易经济合作研究院，中国驻卢旺达大使馆经济商务参赞处，商务部对外投资和经济合作司．对外投资合作国别（地区）指南 卢旺达（2021 年版）[R/OL]．（2022-01）[2023-05-20]．http://www.mofcom.gov.cn/dl/gbdqzn/upload/luwangda.pdf．

病。急性呼吸道感染和疟疾是卢旺达人民身体健康的最大威胁。疟疾是卢旺达最主要的疾病，在各省都是致病和死亡的主要原因。近年来，卢旺达在引入新的抗疟疾药物、采取措施使贫困居民获得药物方面已经取得了很大进展。此外，推广用杀虫剂处理过的蚊帐也是防治疟疾的一项主要举措，在这方面，卢旺达正在和国际社会进行密切合作。

2022年，中国政府派往卢旺达的医疗队已诊治了超过1.2万名患者。自1982年中卢两国政府签订关于中国向卢旺达派遣医疗队的议定书以来，中国政府迄今共派出20批医疗队。中国医疗队分别在基加利市的马萨卡综合医院和距离基加利120千米的基本戈医院工作，上述两所医院由中国政府分别于1998年和2011年援建。2020年12月，中国派驻当地的第21批医疗队由内科、外科、妇科、儿科、中医科、骨科、眼科、耳鼻喉科、口腔科等科室专家、护理人员、翻译和厨师共15人组成。中国医疗队充分发挥国际人道主义精神，为当地医护人员提供了支持，尤其是在那些几乎没有相关专家的医疗领域，在改善卢旺达民众健康方面发挥了巨大作用。[1]

四、重要节日

卢旺达全年共有11个重要节日，分别是：1月1日新年、2月1日英雄节、4月7日大屠杀纪念日、5月1日劳动节、7月1日独立纪念日、7月4日解放日、8月15日圣母升天节、9月25日共和国节、10月1日爱国日、11月1日万圣节、12月25日圣诞节。

除此之外，卢旺达每月的最后一个星期六为义务劳动日，在卢旺达语中叫作Umuganda，意为"贡献"。这天，店铺全部关闭，道路禁止车辆通行。

---

[1] 资料来源于卢旺达《新时代》日报网站。

上午 7—11 点，全体成年人都要参加包括打扫卫生、除草、社区活动在内的各种义务劳动。如果有人无正当理由逃避义务劳动，可能会受处罚甚至被捕。路上行车如非政府公务车辆、外交车辆或有特殊通行证车辆，会被交警拦下，车上的人会被立即安排劳动。

第二章 文化传统

第一节 历史沿革

一、古代史

非洲有着悠久的人类文明历史，但由于各种历史原因，有文字记载的非洲历史并不悠久，地处非洲中部的卢旺达亦是如此。关于谁先到达卢旺达，一般认为最早的是土著居民特瓦人，然后是胡图人，再然后是图西人。[1] 最早在卢旺达定居的特瓦人主要从事狩猎工作，他们在石器时代初期被从事农耕的胡图人驱赶到这里。公元前后，胡图人从乍得湖和尼日尔河一带迁徙而来，逐渐取代特瓦人成为卢旺达的多数族群。最后来到这片土地上的是以畜牧为生的图西族牧民，他们溯尼罗河谷而上，从 10 世纪开始逐渐迁徙到此。[2]

在随后的几个世纪里，图西族先后建立过一些小王国，实行以国王"姆瓦米"为首的封建君主制。13 世纪前后，卢旺达开始形成以氏族或亲属集团

---

[1] 赵俊. 族群边界、权力介入与制度化——卢旺达族群关系的历史变迁及其政治逻辑[J]. 西亚非洲，2019（3）：58-78.

[2] 赵俊. 族群边界、权力介入与制度化——卢旺达族群关系的历史变迁及其政治逻辑[J]. 西亚非洲，2019（3）：58-78.

为基础的部落联盟性质的小国，而实现政治和地理上的统一，则是 5 个世纪之后的事情。15 世纪以前，在图西王族的辅佐下，国王吉朗加建立了卢旺达第一个王朝——尼吉尼亚王朝，完成了从"无国家状态"向王权的转变。15 世纪，图西族国王鲁甘祖·布温巴兼并了尼吉尼亚王朝周围的族群，以布瓦纳坎布韦地区（今基加利附近）为中心扩张成一个核心王国。此后，国王西利马一世和他的儿子基格里一世又征服了尼亚巴隆戈河以西的地区，王国的范围进一步扩大。从 16 世纪开始，相当于今天卢旺达中部的地区被并入核心王国，国王尤希·加希马还强迫西部一些地区接受其统治。1600 年，国王鲁甘祖·恩多里即位后，进一步向西部和南部扩展。到 18 世纪，东部和北部的图西族地区和西北部的胡图族地区也都先后被兼并和征服。1744 年即位的国王西利马·鲁祖吉拉也是一位著名的征服者，他继续开疆扩土。19 世纪后半叶，国王基格里·鲁瓦布吉里在统治期间将边界再次向外扩展，确保了对基伍湖地区的控制，建立了中央集权，使卢旺达王国进入全盛时期。卢旺达王国政治集权程度很高，国王成为一切权力的来源和象征。[1]

在西方殖民者到达之前，卢旺达三大族群虽然存在各种矛盾，但总体上尚能各安其命、各司其职。特瓦人主要以采集和捕猎为生，胡图人主要从事农业生产，而图西人则畜养牛羊等牲畜。数个世纪以来，三大族群虽然不断斗争，但也不断交流与融合，逐渐形成群体混居的种族关系，三大族群跨族通婚现象也很普遍。[2] 这一时期的族群并不是基于血缘、地域的"族群"，而是一种社会学意义上的社会分层：通过通婚，图西人可以成为胡图人，胡图人也可以成为图西人；通过财富积累（通常以牛群数量为衡量标准），贫穷的胡图人可以一跃成为富裕的图西人，而那些破产的图西人同样可以成为胡图人。[3] 因此，在前殖民统治时期，卢旺达三大族群之间尚不存在激烈对抗的

---

[1] 于红, 吴增田. 卢旺达·布隆迪[M]. 北京: 社会科学文献出版社, 2011: 21-22.
[2] 舒展. 卢旺达民族和解探究与思考[J]. 西亚非洲, 2015（4）: 114-132.
[3] 刘长敏. 多重视角下的当代国际关系经典案例分析[M]. 北京: 中国政法大学出版社, 2013: 242.

关系，族群间的身份是可以相互转换的，图西人和胡图人是一种政治身份的象征，两个民族之间并不存在民族上的冲突，更多的是一种阶级矛盾。[1]

二、近代史

随着西方殖民者的全球扩张，殖民势力在非洲一步步渗透，卢旺达原有的平静被打破，近代卢旺达也逐步沦为殖民地。

（一）欧洲人在卢旺达的早期探索

非洲的"基督教化"过程是与殖民化过程形影相随、相辅相成的。[2] 在欧洲殖民者入侵卢旺达之前，欧洲传教士最先到达卢旺达，1868 年，阿尔及尔主教夏尔·拉维热里成立了非洲传教士协会，此后，白人神父开始在卢旺达进行福音传教，并先后成立了 9 个传教会。[3]

传教士用卢旺达语进行教义问答，建立神学院开展教育，并宣扬僧侣生活[4]，收获了一大批图西族追随者。

19 世纪后期，西方资本主义国家掀起了瓜分非洲的狂潮。为缓和西方列强在瓜分非洲问题上的矛盾，制定"有效占领"计划，1884 年 11 月至 1885 年 2 月，英、法、德、比、美、葡、意等 15 个国家在柏林召开了一次国际会议。会议宣称"要向非洲土著居民提供学习先进文明的条件，促进非洲本地文化与西方文化相融合"。会议签订的《总决议书》集中反映了列强瓜分非洲的实

---

[1] 修浩. 基督教与卢旺达大屠杀研究[D]. 金华：浙江师范大学，2019.
[2] 郭佳. 撒哈拉以南非洲基督教的历史与现实[J]. 世界宗教文化，2016（3）：62-68.
[3] 于红，吴增田. 卢旺达·布隆迪[M]. 北京：社会科学文献出版社，2011：23.
[4] 修浩. 基督教与卢旺达大屠杀研究[D]. 金华：浙江师范大学，2019.

质，其中第六条规定：占有非洲领土的列强"均要留心保护土著部落，有改善他们赖以为生的精神和物质条件的义务"。[1] 在这次会议上，卢旺达被划分给德国殖民者，尽管当时他们对卢旺达一无所知。

（二）德国的统治

德国殖民者对卢旺达采取的统治方式是保持卢旺达原有的社会结构，通过中央政府对卢旺达实行间接统治。[2] 1894年，德国中尉冯·戈岑到达卢旺达，受到鲁瓦布吉里国王的友好款待。之后，戈岑就任德属东非总督，在卢旺达通过扶植图西国王进行间接统治。德国借助国王的力量进行扩张，到1912年，殖民者帮助图西国王征服了北部地区。针对人民的反抗，"惩罚性讨伐"成为德国推行武力政策的主要手段。殖民者对反抗的人民疯狂屠杀，夷平他们的村庄和田地，残酷地绞死反抗领导人。借助德国的扶植，图西国王的权力得到了一定的加强。1914年，德国在卢旺达仅有少量行政人员和军事人员，并没有建立一个大规模的殖民机构。这一时期，德国殖民者为巩固统治，引入种族主义理论，以麻痹殖民地人民，实行有效治理。

（三）比利时的统治

一战后，同盟国战败，德国在非洲的殖民地被国际联盟以"委任统治"的名义分割给英、法、比利时等国进行统治，战胜国以国际联盟的名义对德国殖民地和奥斯曼帝国属地进行重新分割，并由指定的"先进国"进行统治和管理[3]。列宁一针见血地指出，这种"委任统治权"，实质上是委托帝国

---

[1] 陆庭恩. 非洲问题论集[M]. 北京：世界知识出版社，2005：64-65.
[2] 于红，吴增田. 卢旺达·布隆迪[M]. 北京：社会科学文献出版社，2011：23.
[3] 李艳娜. "委任统治制"与"国际托管制度"之比较[J]. 历史教学（高校版），2009（8）：54-58.

主义对殖民地人民行使盗窃和抢劫的权力。[1] 国际联盟还宣称，在目前的情况下，如果让殖民地的人民行使民族自决，那将是不可想象的，所以应该委托给先进的国家，因为他们有资源，有能力，有发展民主的经验，能够承担这个责任。1922年7月，根据国际联盟的决议，卢旺达和布隆迪划归比利时管理。1924年，比利时人行使在卢旺达-布隆迪地区的统治权。[2] 比利时向国际联盟承诺实行有效管理和促进发展，保障言论自由和信仰自由，使殖民地人民拥有公平和良好的劳动条件，享有和本国居民一样的待遇，同时努力预防和控制疾病。然而殖民者在统治确立后，疯狂地掠夺当地资源，比利时殖民当局还采取分化瓦解的方式，对不服从者进行残酷的镇压。[3] 比利时政府对卢旺达采取"分而治之"的策略。殖民者认为图西人在种族血缘上优于其他两族，是天生的统治者，因此给予图西族政治、经济和文化上的种种特权，扶持图西族进行独裁统治。[4] 联合国托管理事会曾多次派代表团视察卢旺达，批评比利时当局的殖民政策，但都无果而终。

二战后，联合国大会将卢旺达交给比利时托管，比利时在卢旺达的统治延续。在非洲民族主义运动的影响下，胡图人开始联合起来，要求改变自己的地位，结束图西人的统治，进而实现独立。比利时殖民政府看到胡图人的运动规模越来越大，开始转而支持人口占多数的胡图人。1959年末到1960年初，殖民当局任命了数百名胡图族酋长来取代原来的图西族酋长，随后决定以乡代替小酋长辖区作为基层行政单位。1959年，图西族上层分子组成"卢旺达民族联盟"，要求结束比利时的托管并独立。[5] 1960年6—7月，卢旺达举行乡镇选举，帕梅胡图党在选举中获胜，实现了对地方政权的控制。1961年1月28日，在比利时殖民当局的密切配合下，卢旺

---

[1] 陆庭恩. 非洲问题论集[M]. 北京：世界知识出版社，2005：120.
[2] 于红，吴增田. 卢旺达·布隆迪[M]. 北京：社会科学文献出版社，2011：23.
[3] 洪永红. 建立卢旺达国际刑事法庭的历史考察[J]. 法律文化研究，2009（1）：219-229.
[4] 中国非洲史研究会. 非洲史论文集[M]. 北京：生活·读书·新知三联书店，1982：127-154.
[5] 于红，吴增田. 卢旺达·布隆迪[M]. 北京：社会科学文献出版社，2011：26.

达中部城市吉塔拉马发生政变，胡图领导者宣布成立共和国，废除君主制，组成以卡伊班达为首的新内阁。1961年9月，立法议会选举举行，帕梅胡图党顺利控制了政府和议会。

三、现代史

（一）卢旺达大屠杀之前

1. 卡伊班达时期（1962—1973年）

1962年7月1日，卢旺达宣告独立，成立共和国。独立后，卡伊班达沿用殖民时期的种族政策，一味打击图西人，并将其作为巩固政权的手段，致使图西人受到大规模迫害，很多人因此流亡国外，政局也长期不稳。

卡伊班达执政后，虽然主张"平等"，提倡"民主"，但实际上对图西族实行打击报复、排斥和镇压的政策，使胡图与图西两族之间的矛盾日益尖锐。1963年，卡伊班达将政府中图西人仅有的两名代表人物撤职，并取缔了其他一切政党，实行胡图解放党一党专政。这种狭隘的民族主义政策进一步加深了胡图人与图西人的矛盾，从而导致了1963年、1967年和1973年先后三次部族间大规模的动乱，数十万人因此丧生。随着族群矛盾的发展，广大人民群众与统治集团之间以及统治集团内部派别之间的矛盾也在交织发展，斗争不断尖锐，加之经济困难，卢旺达政局长期动荡不安，人民对卡伊班达政权强烈不满。[1]

---

[1] 于红，吴增田. 卢旺达·布隆迪[M]. 北京：社会科学文献出版社，2011：28.

2．卢旺达第二共和国时期（1973—1990 年）

1973 年 7 月 5 日，国民警卫军部长（相当于国防部长）哈比亚利马纳少将（胡图人）发动军事政变，推翻卡伊班达政府，成立了第二共和国。同年 8 月 1 日，卢旺达组成新政府，哈比亚利马纳任总统。1975 年 5 月，哈比亚利马纳创建卢旺达全国发展革命运动并担任主席，该政党后来成为执政党。1978 年 12 月，哈比亚利马纳经普选正式当选总统。

哈比亚利马纳总统执政后，吸取了卡伊班达执政的教训，强调民族团结和国家统一，重视发展经济，主张消除族群仇恨，重视发展民族经济和民族文化，采取了多种维护族际均势的政策。哈比亚利马纳认为，卢旺达全国发展革命运动是全体卢旺达人民共同"渡过贫穷江河的一条船"，资本主义和社会主义都有可取之处；第二共和国的社会模式从资本主义和共产主义理论中汲取了一些要素，加上卢旺达人民的传统价值观，保证了卢旺达在和平、自由和统一中走一条通向个人和整体发展的道路。这种社会模式属于"有计划的自由主义"制度。执政后，哈比亚利马纳提出"自力更生"的口号，强调发展民族经济，重视发展农业和工商业等。政府通过改良土壤、提高农畜产品的收购价格、控制物价、鼓励外国投资，以及在全国开展被称作"乌姆冈达"的集体发展劳动运动等措施，逐步促进了经济的发展。20 世纪 80 年代中期是卢旺达经济发展的巅峰时期，哈比亚利马纳将西方国家提供的贷款和赠款优先用于公路、医院、学校、工厂等基础设施建设，而他本人的生活却相当简朴，总统府只是两排不起眼的平房。[1]

哈比亚利马纳总统执政期间，族群关系大体上较为平和，未曾发生大的动乱，政局比较稳定。但是，由于族群矛盾由来已久且根深蒂固，特别是民族和解政策贯彻不到位，几届政府的实权均由胡图人掌握，图西人的

---
[1] 于红，吴增田. 卢旺达·布隆迪[M]. 北京：社会科学文献出版社，2011：28-29.

入阁往往只有象征意义，族群矛盾难以根本解决。另外，统治集团内部和广大胡图人在族群问题上存在着严重分歧，在对待图西人的问题上，一直存在着强硬派与温和派的较量，强硬派主张对图西族采取强硬政策，并通过蓄意制造族群摩擦来挑起事端。所以，族群矛盾一直是影响卢旺达政局的不稳定因素。[1]

1959—1973年，卢旺达发生了四次大规模族群流血冲突，造成大批难民逃往邻国，其中主要是图西族难民。据卢旺达官方统计，流亡在邻国的卢旺达难民有50多万人，其中乌干达就有30万人。[2]哈比亚利马纳总统虽然谴责卡伊班达政府错误的民族政策，强调民族团结和平等，但是对流亡国外的图西族难民的满腹乡愁和多次回国的要求，却一直以国小、地少、人多为由置之不理，对乌干达等邻国政府提出协商解决难民问题的建议也断然拒绝。因此，难民问题已然成为哈比亚利马纳政权的一大隐患。[3]

1990年，卢旺达内战爆发。内战给卢旺达带来了巨大的灾难，成千上万的人背井离乡，流离失所，茶叶和咖啡的生产受到很大影响，粮食产量也大幅度下降。战争切断了卢旺达通往外界的通道，特别是通往肯尼亚港口的陆路，而新兴的、卢旺达第三大外汇收入来源的旅游业也遭到毁灭性打击。与此同时，国内所有的图西人被集体贴上标签——爱国阵线的同伙，这使得胡图人与图西人的关系更加紧张。在不同的场合，一些支持哈比亚利马纳政权的人物极力渲染图西人的威胁。据一位当事人回忆："哈比亚利马纳总统家族宣称，如果图西人重新掌权，胡图人将像祖辈在王政时期那样受苦受难，他们将被迫去做苦力，而得不到任何回报或收成。他们将看到庄稼地变成牧场，敢怒不敢言。因此，他们决定要清除图西族。"[4]

---

[1] 于红，吴增田. 卢旺达·布隆迪[M]. 北京：社会科学文献出版社，2011：30.
[2] 陆庭恩. 非洲问题论集[M]. 北京：世界知识出版社，2005：64-65.
[3] 于红，吴增田. 卢旺达·布隆迪[M]. 北京：社会科学文献出版社，2011：30.
[4] 哈兹菲尔德. 羚羊战略[M]. 龙云，译. 南京：译林出版社，2010：197-198.

3．卢旺达内战时期（1990—1994年）

1979年，流亡乌干达、布隆迪的图西族难民联合哈比亚利马纳政权的胡图族反对派在乌干达成立了卢旺达统一联盟。这个以"武装返卢"为宗旨的反政府难民组织打破族群界限，吸收胡图族和特瓦族难民参加，以争取国内外的广泛支持。1987年12月，该联盟改名为卢旺达爱国阵线。1988年，爱国阵线在美国举行会议，提出"解决卢旺达难民问题的最好办法是回国"，而"武装回国可能是最终的选择"。[1]

1990年10月1日，近2 000名爱国阵线战士在领导人弗雷德·赫维盖马的率领下，从乌干达南部进入卢旺达境内，与政府军发生激烈战斗，引发了内战。10月17日，卢旺达、乌干达和坦桑尼亚三国总统在坦桑尼亚的姆万扎举行会晤，就卢旺达政府和爱国阵线双方对话、停火和全面解决难民问题达成三点共识。在当时盛行的多党民主浪潮的冲击下，加之西方以停止经济援助相威胁，哈比亚利马纳总统于1990年11月13日被迫宣布实行多党制。1991年6月10日，总统签署实行多党民主的新宪法。1992年4月6日，多党联合政府建立。此后，在非洲统一组织、西方国家以及邻国的斡旋和调解下，卢旺达政府与爱国阵线举行了数次谈判，双方就停火、实行法治、分享权力、军队整编和难民问题陆续达成协议。1993年8月4日，哈比亚利马纳总统和爱国阵线主席卡尼亚伦圭在坦桑尼亚的阿鲁沙正式签署了《阿鲁沙和平协定》，宣告内战结束。同年10月5日，联合国安理会通过第872号决议，决定在卢旺达分期部署"联合国卢旺达援助团"，进行维和行动，11月1日起开始在卢旺达部署联合国军事观察员。

《阿鲁沙和平协定》签署后，卢旺达政府激进派与爱国阵线为争夺权力展开激烈斗争。激进派指责总统对爱国阵线让步太多，使胡图人利益受到损害，散布传闻有意让总统下台。爱国阵线则明白，在未来全国大选中，居多数的

---

[1] 于红，吴增田．卢旺达·布隆迪[M]．北京：社会科学文献出版社，2011：30-31．

胡图族必胜无疑，因此并不满足于分权协议所规定的几个职位，设法让亲爱国阵线党派中的图西人掌握重要职位。1994年1月5日，在比利时要求卢旺达政府做出让步、限期成立过渡机构的压力下，哈比亚利马纳宣誓就任过渡时期的总统。但是，过渡政府和过渡议会自成立之初就陷入僵局。1994年初，卢旺达政局出现紧张迹象，政府内两位胡图族温和派部长被杀，政府军和爱国阵线武装在首都剑拔弩张，族群冲突一触即发。

1994年4月6日，哈比亚利马纳结束在坦桑尼亚召开的关于解决卢旺达和布隆迪民族冲突的地区性首脑会议，回国途中，其专机在卢旺达首都基加利机场上空遭不明火箭弹击中，机上人员包括同行的布隆迪总统恩塔米亚马拉全部遇难。据悉，此前哈比亚利马纳曾表示在4月8日按照《阿鲁沙和平协定》的规定，举行过渡政府的宣誓就职仪式。

坠机事件成为卢旺达大屠杀的导火索。总统遇难后仅几个小时，忠于哈比亚利马纳的总统卫队、政府军、总统党青年民兵等胡图族极端分子和部分胡图群众立即行动起来，在基加利各处设置路障，盘查过往行人，乘机对图西人以及亲图西族的胡图族反对派人士实行报复，大开杀戒，首都顿时陷入激烈的武装冲突。许多政治反对派领导人和主张与图西族和平共处的温和派胡图人遭到杀害，包括过渡政府的总理、最高法院院长以及多名内阁部长。翌日，多党联合政府第二任总理、卢旺达历史上第一位女总理阿加特·乌维兰吉伊玛娜被杀，野蛮仇杀随即在全国迅速蔓延。另外，总统卫队还杀害了多名执行任务的比利时维和人员，导致比利时随后决定撤出其在卢旺达的维和部队。许多在教堂、学校、体育馆和其他公共场所避难的图西平民因没有得到有效保护也集体遇难。同时，胡图族极端分子发动政变，成立临时政府，继续实施灭绝图西人的计划。图西平民被成批地残忍杀害，许多未参与过武装冲突的图西族妇女成为无辜的受害者，大屠杀给图西人的心灵造成了不可估量的伤害，成为一段不堪回首的记忆。

《阿鲁沙和平协定》签署后一度平息的内战烽火再次点燃。4月8日，在基加利成立了以国民议会议长辛迪库布瓦博为首的临时政府，但是爱国阵线拒绝承认这个将其排斥在外的政府，宣布向首都进军。爱国阵线武装与政府军和胡图族民兵经过三个月的较量，在战场上取得节节胜利，7月4日攻占首都基加利和西南部重镇布塔雷，控制了全国2/3的领土。7月17日，爱国阵线武装又攻占临时政府控制的最后一座城市吉塞尼。7月19日，爱国阵线在基加利成立民族团结政府，爱国阵线政治局委员巴斯德·比齐蒙古（胡图人）任总统，爱国阵线军司令保罗·卡加梅（图西人）任副总统兼国防部长，共和民主运动主席福斯坦·特瓦吉拉蒙古（胡图人）任总理。[1]至此卢旺达内战宣告结束。

在1994年4月7日至7月19日历时三个多月的族群仇杀中，50多万人遇害，卢旺达国内的说法是至少80万人惨遭屠杀，其中绝大部分是无辜的图西人和部分温和派胡图人。[2]国内百万人以上流离失所。另外，为躲避屠杀，数万人背井离乡，沦为难民。由于缺吃少穿，长途跋涉，瘟疫流行，十几万难民死于非命。[3]

（二）卢旺达大屠杀之后

大屠杀给人们造成了深重的苦难和难以愈合的精神创伤，战后国家重建任重道远。1994年7月19日，卢旺达民族团结政府成立。民族团结政府面临两个迫切的任务：一是实现国家稳定和难民回归，并着手恢复和发展国民经济；二是实现民族和解，进而加强民族团结，增强国家凝聚力。为此，新政府采取了一系列措施发展国家经济和缓解图西族和胡图族之间的部族矛

---

[1] 于红，吴增田. 卢旺达·布隆迪[M]. 北京：社会科学文献出版社，2011：32.

[2] 金泽. 千丘之国：卢旺达浴火重生及其织梦人[M]. 延飞，等译. 北京：世界知识出版社，2014：125.

[3] OBURA A. Never again: educational reconstruction in Rwanda[M]. Paris: International Institute for Educational Planning, 2003: 45.

盾。一是修改宪法。将反对分裂主义和部族主义的内容写入宪法，并在身份证登记中取消了"民族"一项[1]。二是健全卢旺达国家权力系统，成立卢旺达过渡国民议会，由卢旺达8个党派及爱国阵线军方代表组成，议会选举了正副议长，总统府、过渡政府、过渡议会、最高法院等权力机构相继成立[2]。三是解决难民问题。大屠杀导致逾100万胡图人越境进入扎伊尔（现在的刚果民主共和国），并形成了难民署历史上最大规模的紧急难民潮[3]，民族团结政府积极接待并初步安置了约140万新老难民[4]。四是进行和解教育，促进社会公平正义。由卢旺达全国团结与和解委员会牵头，在全国范围内组织对话，着力解决社会不平等问题，推动民族和解。

1999年6月，卢旺达政党论坛将过渡期延长4年。2000年4月17日，保罗·卡加梅成为卢旺达独立38年以来的第一位图西族国家元首，任期到2003年过渡期结束。[5]在此背景下，卢旺达人民生活水平有了较高的提升，卢旺达进入了新的历史时期。

2003年8月25日，保罗·卡加梅以95.05%的选票当选卢旺达总统，并在2010、2017年大选中以压倒性优势获得连任。在卡加梅总统的治理下，卢旺达在21世纪前20年得到了快速发展，一些学者将卢旺达的发展道路称为"卢旺达发展模式"或"卡加梅模式"。[6]经过一系列改革，卢旺达经济社会迅速恢复，国家稳定快速发展。据世界银行数据显示，1999—2019年，卢旺达GDP平均年增长率达7.6%；2019年，GDP增长率更是达到9.4%，高居世界第二。[7]

---

[1] 侯发兵. 卢旺达的民族身份解构：反思与启示[J]. 西亚非洲, 2017（1）: 139-160.

[2] 于红, 吴增田. 卢旺达·布隆迪[M]. 北京: 社会科学文献出版社, 2011: 33.

[3] 吴昊昙. 主要捐助国利益与国际组织的行动空间——基于联合国难民署20世纪90年代难民保护行动的考察[J]. 国际政治研究, 2019, 40（5）: 113-142+7-8.

[4] 于红, 吴增田. 卢旺达·布隆迪[M]. 北京: 社会科学文献出版社, 2011: 34.

[5] 于红, 吴增田. 卢旺达·布隆迪[M]. 北京: 社会科学文献出版社, 2011: 36.

[6] 尹远帆. 卡加梅治下的卢旺达发展模式研究[D]. 北京: 外交学院, 2022.

[7] 资料来源于世界银行数据库网站。

第二节 风土人情

一方水土养一方人，卢旺达特殊的地理位置、部族构成和多元宗教文化造就了其独特的风俗习惯。

一、饮食文化

卢旺达人的主要食物有土豆、芸豆、饭蕉、玉米、高粱、薯类等。城市居民也食用大米、面包等。卢旺达人主要食用的肉类有猪肉、牛肉、鸡肉、兔肉、鱼肉等，狗肉禁食。过去，羊肉是禁食的，因为卢旺达人认为羊是献给亡者灵魂的祭品，人不能食用，尽管不食羊肉的习俗有所变化，但仍很少食用。[1]

卢旺达最常见的饮料是被誉为"地中海葡萄酒"的香蕉酒。卢旺达所产香蕉的90%都用来酿造香蕉酒。每当亲朋好友、左邻右舍、远方来客登门时，或在婚丧礼仪和宗教庆典上，香蕉酒是必不可少的招待佳品，也是馈赠亲友的上好礼品。[2]

二、待客礼仪

卢旺达人在庆典活动等重要场合，会为客人提供一些简单的食物和酒水，但不提供正餐。在婚礼和葬礼上一般向客人提供一片肉和一个烤土豆，以及高粱酒和香蕉酒。高粱酒坛置于房间中央，客人可以上前用芦苇秆吸取。香

---

[1] 于红，吴增田. 卢旺达·布隆迪[M]. 北京：社会科学文献出版社，2011：17.
[2] 于红，吴增田. 卢旺达·布隆迪[M]. 北京：社会科学文献出版社，2011：18.

蕉酒则盛在葫芦里在人群中传递饮用。客人登门拜访时，主人应提供食物和酒水，否则会被认为是对客人的严重侮辱，并且主人在递给客人食物或饮料前要自己先尝一口，以证明食物安全。访客在离开时常会将带来的食物作为礼物送给主人。[1]

三、独特风俗

卢旺达有许多独特的风俗。例如，在公众场合吃东西会被认为是非常粗鄙的行为。过去，成年人甚至不在自己的孩子面前吃东西，而是常将食物拿到卧室去吃。而且，成年人通常不吃甜食，他们认为像饼干、蛋糕、巧克力、冰激凌等甜食应该是给孩子吃的。卢旺达人一般不外出吃饭。如果一个男人去外面吃饭，则意味着该男子没有妻子或妻子是一个糟糕的厨师。当客人顺道去探亲访友时，主人一般会请他们喝点儿饮料，如果上来就给白水喝会被认为是对客人不敬，至少要在客人喝完第一杯饮料后再上白水。因为在卢旺达有这样一个说法：水即是空。在大型宴会或聚餐时，妇女一般等男人取完食物后才去取餐。

当卢旺达人用玻璃杯喝啤酒时，他们会先往玻璃杯里倒一点儿酒，然后用力摇晃几下，倒在身后的地上。这有两个功能：一是象征着与祖先共饮，二是清洗玻璃杯。

在卢旺达，新娘家为婚礼所做的准备之一，就是沿着通往自家的路上种植一些香蕉树。这样做是为了表明家境富裕，因为这意味着新娘家可以提供香蕉酒给客人。当夫妇同床共眠时，男人总是睡在离墙较远的一侧，这样就可以在有入侵者或突发情况时保护妻子。

---

[1] 中华人民共和国驻卢旺达共和国大使馆．卢旺达概况[EB/OL]．（2020-07）[2023-05-22]．http://rw.china-embassy.gov.cn/zjlwd/202007/t20200727_6149900.htm．

当卢旺达人祝你晚安时，他们会说："睡在硬的地方"，原因是如果你睡在一个柔软的地方虽然会很舒服，但可能会一睡不醒。如果卢旺达人把东西借给了朋友却被朋友弄丢了，索赔被视为不妥的行为。卢旺达人会干脆忘了这件事，然后和朋友继续交往。卢旺达人忌讳在晚上吹口哨，因为他们认为吹口哨会招来蛇，而且女性吹口哨被视作不端的行为。

第三节 文化名人

一、亚历克西·卡加梅

亚历克西·卡加梅是卢旺达著名的语言学家、历史学家、文化人类学家和哲学家，因对非洲哲学研究的突出贡献，被非洲学术界奉为非洲"人种哲学"之父。[1]

卡加梅1912年5月15日出生于基加利，在教会学校完成了小学、中学学业。1935年在从事传教活动的同时，开始搜集、整理、研究班图族的各种口头传统。1950年，他当选为布鲁塞尔皇家科学院成员，1952年赴罗马格雷戈里安大学深造并于1955年6月完成博士论文《班图——卢旺达人的存在哲学》。此后一年间，卡加梅奔走于瑞士、德国、荷兰和英国，从事班图语言资料的收集与研究工作。1956年回国后，他先在布塔尔公立学校和卢旺达康西神学院担任哲学、历史、文学教授，后又被任命为卢旺达全国教育研究院文学、史学、语言学教授。1971年出任尼亚基班达高级神学院非洲文化人类学教授，直至1981年去世。他还是联合国教科文组织国际科学委员会成员，负责编撰八卷本《非洲通史》。卡加梅的主要著作有：《比较班图哲学》《殖民主义与梵蒂冈二世

---

[1] 张宏明. 非洲"人种哲学"研究的先驱——卡加梅哲学思想解读[J]. 西亚非洲，2001（4）：56-61+80.

时代的传教士教义》《基督教传入前的班图宗教思想》《上帝与人在班图宗教中的位置》《非洲意识与基督教信仰》《班图人种哲学》等。[1]

二、著名音乐人

卢旺达人民喜爱音乐和舞蹈，历史上出现过许多有才华的音乐人，如歌手伯尼·恩塔热、克勒莫拉·罗德里古尔、莫伯尼耶·伊拉德，吉他手爱米·米热福、索索·马多和莫库·吉尔贝，鼓手卡纳·让·克劳德、伊勒里·米卡萨，低音小提琴演奏家蒂埃里·加拉南加、马尔科·波罗，等等。在这些音乐人当中，最有才华的当属吉他手爱米·米热福，其高超的技艺令他跻身 20 世纪最佳吉他演奏家之列。米热福受到著名吉他手吉米·亨德里克斯和卡洛融斯·桑塔纳的影响，并发展了自己独特的风格。卢旺达的许多音乐家现旅居国外，主要聚居于比利时的布鲁塞尔。

---

[1] 张宏明. 非洲"人种哲学"研究的先驱——卡加梅哲学思想解读[J]. 西亚非洲，2001（4）：56-61+80.

第三章 教育历史

第一节 独立前的教育历史

一、殖民前的传统教育

在西方殖民者入侵前，卢旺达的教育一般是以核心家庭为单位的传统教育，几乎每一个家庭都会通过讲故事、唱歌、舞蹈以及诗歌朗诵等方式向年轻一代传授传统社会价值观。这一时期，男女由于分工不同，接受的教育内容也不同。部落中的男性精英都需接受一种被称为"伊图利柔"的教育项目，主要包括军事、生活及爱国教育等方面的内容，学习并掌握军事战斗技能，培养自身的领导能力，养成强烈的尚武和爱国主义精神，培养自尊、自立的美德。一旦完成"伊图利柔"项目，男子将获得"勇士"的荣誉称号，并有资格加入国王的禁卫军，肩负保家卫国的责任。男性还学习冶炼铁器、烧制陶器、编制竹篮等传统生活技能，除此之外还要定期练习击鼓、舞蹈、诗歌朗诵等，以不断提升自己的艺术修养。女性主要从家庭女性长辈处获得教育，学习内容以生活技能为主，这种教育被称为"乌鲁博赫罗"[1]，类似于家政教育。

---

[1] VANSINA J. Antecedents to modern Rwanda: the Nyiginya Kingdom[M]. Madison: University of Wisconsin Press, 2004: 201.

二、殖民时期的教育

卢旺达先后经历了德国、比利时的殖民统治，这对其社会产生了较为深远的影响，殖民统治也逐渐瓦解了卢旺达的传统教育。卢旺达殖民时期的教育历史大致可以分为两个阶段：早期的教会教育和比利时统治期间的教育。

（一）早期的教会教育

早在西方殖民者到达卢旺达之前，一些欧洲传教士先行来到卢旺达，建立传教会、传教团等宣传基督教教义，传播基督教信仰，间接为卢旺达教育发展做出了一定的贡献。1884年，西方列强在柏林召开西非会议，通过了《柏林会议关于非洲的总议定书》，卢旺达由此沦为德国殖民地。但德国殖民政府并未过多地干预教会教育，仅负责制定教育政策、规划教学大纲、进行学校间的协调等工作[1]，教会仍是卢旺达教育的主要实施者。1900年，天主教传教士在尼亚萨湖地区创建了卢旺达第一所教会学校，这是卢旺达第一所现代意义上的学校，也是天主教徒在该国传播宗教文化思想的重要场所。此前的卢旺达教育都属于非正规教育。这一时期，天主教会学校主要面向上层社会，教学内容以宗教神学和古典文学为主，除了培养王室贵族子弟外，还肩负着培养神职人员的任务。此后，更多教会学校在卢旺达建立。随着学校数量的增加，教会学校逐渐向普通民众开放。"天主教学校进行天主教知识、道德教育的同时，向学生灌输天主教教义，进行信仰教育。"[2] 在课程设置方面，主要开设宗教、礼仪、读写算等课程，而忏悔、祈祷、弥撒、诵经等宗教活动占据了一天的大部分时间。[3] 1919—1943年是教会学校的创建高峰期，此时

---

[1] 陈如愿. 卢旺达民族国家建构过程中的教育两面性研究[D]. 金华：浙江师范大学，2021.

[2] MERRYFIELD M M. Reviewed work: school, work and equity: educational reform in Rwanda[J]. African studies review, 1989, 33(3): 128.

[3] 郑崧. 国家、教会与学校教育：法国教育制度世俗化研究（从旧制度到1905年）[M]. 上海：学林出版社，2008：73.

其他教会也进入卢旺达，如新教教会、比利时长老会、英国教会、卫理公会等，随之而来的是各类教会学校数量剧增。

从历史发展的角度来看，天主教由于在卢旺达先入为主并且首次引入学校课程而成功地扮演了教育先驱者的角色，推动了卢旺达的学校基础设施建设，培养了一定数量的人才，对卢旺达教育的影响十分深远。但不可否认的是，殖民政府治下的教会教育撕裂了卢旺达原本完整的社会结构，激化了原本和谐的族际关系[1]，为之后的种族大屠杀埋下了伏笔。

（二）比利时统治时期的教育

1919年德国在一战中战败，比利时政府根据《巴黎协定》从德国手中接管卢旺达，开始了对卢旺达长达四十余年的殖民统治。比利时殖民者清楚教会特别是天主教会对卢旺达社会各方面的影响，尤其是在教育方面。为了加强殖民统治，他们采取与教会合作的策略，主动把教育权让渡给天主教会，天主教可以根据教会的实际情况制定教育政策。此时卢旺达教育基本上仍以传播宗教思想、培养各种神职人员为理念和目标。天主教学校教导人们服从权威，灌输谦恭、服从、诚实、勤勉的思想，也因此赢得了殖民当局的信任与支持。天主教教会与比利时殖民者相互勾结，互相支持，殖民者支持教会的各种传教活动，教会也响应殖民政府"分而治之"的殖民政策。在殖民者的教唆下，教会在卢旺达两大种族间制造矛盾，并亲近图西人排斥胡图人，在教育上严格限制与歧视胡图人，拒绝胡图人进入学校学习。胡图人的学习机会受到限制，很少人能够完成初中课程。

除了教会大规模兴办学校外，比利时殖民政府也开始参与发展教育。1923—1925年，殖民政府先后创办了四所公办学校，主要用于培养文员及政府工作人员。但这四所学校由于学费高加之教育质量差，于1929年停止招生。

---

[1] 陈如愿. 卢旺达民族国家建构过程中的教育两面性研究[D]. 金华：浙江师范大学，2021.

公办学校的尴尬处境极大地挫伤了殖民政府发展卢旺达教育的积极性。为了解决公办学校教学质量差的问题，殖民政府采取"政府扶持、私人参与"的方式，鼓励发展学校教育。此时，卢旺达学校根据性质基本分为三类：公立学校、教会资助学校以及私立学校。

殖民统治时期，卢旺达学生接受教育的愿望强烈，就学人数迅猛增长，但由于殖民政府采取"分而治之"的政策，教会学校的招生标准与录取政策对各民族学生都不一样，被录取的学生大多数是图西人，广大的胡图学生则基本上被剥夺了受教育的权利。以初等教育为例，图西族学生数量远超胡图族。殖民统治初期有五所公立小学，其招生简章都明确表示"只招收图西族酋长及贵族之子"[1]，而教会学校同样倾向于招收图西族学生。1962年的一份报告提及，卢旺达南部布塔雷省的图西人有46%接受过五年以上的正规教育，同等教育年限的胡图人却仅有13%。[2]

殖民时期，整个卢旺达境内仅有三所初等教育后学校，分别是天主教神学院、阿斯特里达学校和一所师范学院，教育资源极度匮乏，只有小部分小学毕业生能够进入中学，且竞争十分激烈。升学考试分为五年级升六年级考试和小升初考试。1958年，卢旺达17 712名小学五年级学生中仅有3 342名升入六年级，考试通过率仅为18.9%。[3] 小升初考试更为严酷，仅有不到10%的小学毕业生能顺利升至中学。[4]

二战后，联合国对卢旺达的教育情况进行了一次审议，指责比利时殖民政府对卢旺达学校的控制过于严苛，灌输的宗教思想阻碍了卢旺达人的发展，也没有为卢旺达人提供高等教育机会。[5] 比利时殖民政府对联合国的指责采取部分整改的策略，包括实行教师改革、教材修订及增加教学督导等措施，

---

[1] 陈如愿. 卢旺达民族国家建构过程中的教育两面性研究[D]. 金华：浙江师范大学，2021.

[2] KING E. From classrooms to conflict in Rwanda[M]. Cambridge: Cambridge University Press, 2015: 55.

[3] 陈如愿. 卢旺达民族国家建构过程中的教育两面性研究[D]. 金华：浙江师范大学，2021.

[4] ERNY P. L'ecole coloniale au Rwanda (1900—1962) [M]. Paris: L'Harmattan, 2001: 227.

[5] MERRYFIELD M M. Reviewed work: school, work and equity: educational reform in Rwanda[J]. African studies review, 1989, 33(3): 128.

试图改善卢旺达的教育现状，但依然不愿意为卢旺达国民提供高等教育的机会。[1] 这一时期卢旺达的学校具有双重特点，既是展现图西人特权的场所，也是服务殖民者和教会的重要工具。

第二节 独立后至大屠杀前的教育历史

1962年7月1日，卢旺达宣告独立。独立之初，卢旺达共有40所中学，包括6所宗教学校和34所资助学校，[2] 这些学校全都由天主教和新教教会掌控与管理。卢旺达独立后，所面临的主要问题之一是如何加快国内教育事业的发展。为此，1962年，政府通过宪法对卢旺达基础教育做了规定，规定卢旺达基础教育免费，同时计划创建一所新大学。[3] 此后，卢旺达教育部还对教育做了三次大动作，分别是20世纪60年代实行全民基础教育、70年代实行中期教育改革和90年代实行教育制度调整。

一、20世纪60年代全民基础教育

（一）改革背景

卢旺达独立后沿袭了殖民统治时期建立起来的欧式教育体制。实践证明，旧的教育体制、教学内容和教学方法与当时的社会、经济和文化现实越来

---

[1] MERRYFIELD M M. Reviewed work: school, work and equity: educational reform in Rwanda[J]. African studies review, 1989, 33(3): 128.

[2] 林斌. 种族屠杀后卢旺达教育重建问题研究[D]. 金华：浙江师范大学，2011.

[3] RIGHTS O A. The heart of education: assessing human rights in Rwanda's schools[M]. Kigali: African Rights Press, 2001: 66.

不适应。独立之初，卢旺达农村人口占绝大多数，政府当局认为，要使广大农村青少年成为促进农村发展的有用人才，就必须建立实用的教育制度。但是，从小学到大学的传统学校教育都是为培养脱离劳动的少数官僚和知识分子服务的，学习内容与实际生活相脱离，不能满足国家发展对各级人才的需求。

（二）改革措施

为了进一步发展经济、推动教育发展，1966年，卢旺达教育部颁布《教育法》，规定小学入学年龄为七岁，学制为六年。小学教育又根据学生年龄分为低年级和高年级两个阶段。课程内容主要涵盖文法、音乐、基础算术、地理、民族知识、国家历史等，实行上午、下午轮换上课的模式。[1]

中学的学习模式分为两种，第一种是职业技术培训教育，学制为两到三年。培训内容主要有三大类：一是农业技术教育，教育对象主要为男性；二是家政教育，主要面向女性；三是工艺培训教育。第二种是中学完全教育，包括初中和高中，学制为五至七年。课程内容基本上除了基础知识理论外，还有普通教育、古典文学、教师培训以及技术工艺四门选修课程。这个时期卢旺达的学校教育基本上是殖民时期教育模式的复制，并没有多大改进。[2]

二、20世纪70年代教育改革

（一）改革背景

卢旺达大量的教科书几乎都是从国外引进的，不适合本国的国情，本国

---

[1] 林斌. 种族屠杀后卢旺达教育重建问题研究[D]. 金华：浙江师范大学，2011.
[2] 林斌. 种族屠杀后卢旺达教育重建问题研究[D]. 金华：浙江师范大学，2011.

语言和文化在教学内容中只占很小的部分，不利于培养学生的国家认同感。1974年开始，教育部会同各有关部门，经过长期、广泛的讨论，提出了一项教育改革方案。1979年，政府以法令形式将教改方案付诸实施。1979年也因此被命名为"教育年"。[1]

（二）改革的主要内容

卢旺达政府于1977—1978年对国内教育进行了改革，改革的首要目标在于加强职业教育和民主教育，强调母语教育和本土文化的重要地位。小学阶段的学制从先前的六年改为八年，增加了母语教育，卢旺达语成为整个小学阶段的教学语言。但是，小学课程以结果为导向，强调知识的机械记忆与背诵。中学主要实行新的三年中学教育学制——三年农村工艺技巧教育，除此之外还对少数学生实行普通中学教育。中学教学内容包括通识教育、古典文学、教师培训和技术工艺课程。这次改革的目的是废除上午、下午轮换上课模式，但是结果并不理想。此外，能够顺利完成小学学业的学生人数较少，仅有25%的男童和20%的女童能进入小学六年级学习。[2]

（三）实施入学配额制

1. 族群间的入学配额制

卡伊班达总统在执政后，为维护本族群利益，推行压迫图西族的政策，其中一项就是实行入学配额制，严格限制图西族学生的入学数量。为扭转图

---

[1] 颂文. 卢旺达的教育改革[J]. 外国教育动态，1982（3）：53-54.
[2] 林斌. 种族屠杀后卢旺达教育重建问题研究[D]. 金华：浙江师范大学，2011.

西族的教育优势，保障1959年"社会革命"的"胜利果实"，实现所谓的教育公平，卡伊班达政府基于"胡图族占全国人口90%，图西族占9%，特瓦族占1%"的人口事实，于1973年开始实行入学配额制。

入学配额制包括族群配额制、地域配额制及性别配额制，其中最主要的是族群配额制和地域配额制。族群配额制就是按照学生族群身份来确定初等教育后学校的录取情况，而非基于学业成绩等公正的标准。1973年，入学配额制出台之后，卡伊班达政府开始在中等及高等学校开展清退图西族学生的运动，学校在公布学生名单后命令他们立即退学。数月后，卡伊班达政府倒台，继任的哈比亚利马纳政府延续了这一政策，且标准更加严苛。表面上看，入学配额制是依据学生考试成绩、日常学业评估及族群身份三大标准综合评定学生的升学情况，但实际上考试成绩并不公布，学生也无法查证成绩，根本无法确保录取过程的公正性。正如一位图西族教师所说："毫无疑问，配额制激化了图西族与胡图族间的矛盾和冲突……录取的学生98%是胡图族，图西族和特瓦族只占2%。官方解释说是为了保证族群间的平衡，但实际上，假如你不是胡图族，即使再努力再优秀，中学、大学也不会优先录取你。这种观念已经根深蒂固——胡图族学生教育优先，而图西族学生只能辍学，把机会留给胡图族。"[1]

一份数据显示，1962—1963学年，在中等教育阶段，图西族学生人数所占比例为36.3%，到1972—1973学年这一比例骤降至11%，到1980—1981学年，比例又降至10%左右；在卢旺达国立大学中，图西族学生的占比也由20世纪60年代初的90%，骤降至1982—1983学年的6.6%。[2] 第二共和国政府还实施图西族"逆向知识精英"方案，在考试中录取表现最差的图西族学生，淘汰成绩优异者，企图削弱图西族的知识精英阶层。[3] 除此之外，奖

---

[1] KING E. From classrooms to conflict in Rwanda[M]. Cambridge: Cambridge University Press, 2015: 2.

[2] MAFEZA F. The role of education in combating genocide ideology in post-genocide Rwanda[J]. International journal of education and research, 2013, 1(10): 1-10.

[3] GOUREVITCH P. We wish to inform you that tomorrow we will be killed with our families: stories from Rwanda[M]. New York: Farrar, Straus and Giroux, 1998: 66.

学金发放、专业选择和工作分配等也都向胡图族学生倾斜。

图西族学生即使通过考试，也未必能够获得进入中等乃至高等学校学习的机会。许多学生不得已只能参加神学院的考试，然而神学院在政府的压力下也实行配额制。一位受访者曾表示："我成绩很好，最终成功入学，却不能获得奖学金。一位负责全国教会事务的牧师坦白地告诉我，因为我是图西人。"[1]

公立中学的入学配额制迫使更多图西族学生转向私立学校以继续学业，一些人则远赴他国，到邻近的布隆迪、刚果（金）、乌干达等国家求学。图西族学生即使被公立中学录取，也无法自主选择专业，被迫选择一些师资力量薄弱的冷门专业，如小学教育。与其他专业相比，小学教育专业学习时限较短，毕业后到边区、山区小学任教，社会地位也较低。一位图西族教师表示："教育部门不会给我们机会去学习其他专业。他们直接把我们分配到小学教育专业，因为这个专业的学生只需要接受两到三年的中等教育就可以赴任，而几乎所有被录取的图西族学生，都被分配到了这个专业。"另一位图西族教师也表示："在专业选择方面，我们没有自主的权利，所有图西族学生都是如此。他们（教育部门）不允许你成为医生或律师……一毕业，他们就把你分配到山区，你不能像胡图族同学那样留在城市里工作。"[2]

2. 胡图族内部的区域配额制

不仅图西族对族群配额制不满，许多胡图族学生也对配额制耿耿于怀，因为胡图族内部也存在着区域配额不平等。例如，卢旺达北部因是哈比亚利马纳总统的故乡而获得更多的配额和其他优势。一位南部胡图族受访者表示："除了族群配额制，还有区域配额制。南方省份一个班级可能只有一个学生能

---

[1] KING E. From classrooms to conflict in Rwanda[M]. Cambridge: Cambridge University Press, 2015: 90.

[2] KING E. From classrooms to conflict in Rwanda[M]. Cambridge: Cambridge University Press, 2015: 91.

升入中学，也可能全军覆没；而北方学校全班升入公立中学的现象不是个案。南方学生同样是配额制的受害者。"[1]在20世纪80年代，北部省份吉赛尼、鲁亨盖里的大学生占比远远超过其人口占比。

卢旺达实行入学配额制的初衷是扭转占人口大多数的胡图族的教育劣势，实现族群间的教育公平。然而政府在实施配额制的过程中，以一种新的不平等取代旧的不平等。族群配额制加剧了胡图族和图西族之间的仇视、对抗和冲突，区域配额制剥夺了南部胡图族的受教育权，导致了南北方胡图族间的隔离与对立，族群矛盾、民族内部矛盾等各种矛盾交织在一起，使得整个卢旺达就如一个火药桶，随时随地可能爆炸。

（四）意识形态教育灌输

1. 修改历史教科书

第一、第二共和国时期的教科书，延续了殖民时期的"含米特理论"[2]，仍然将图西族视为"外来入侵种族"。1987年的卢旺达中学历史教科书《历史I》的"卢旺达人民早期定居史"一章，就强调不同族群的起源及其迁移史。在对应的教师辅导用书中，编者介绍了该章的教学目标，即使学生能够"对不同'种族'定居卢旺达的历史顺序进行排序"，并"解释图西族的起源"。[3]《历史I》还着重介绍了卢旺达社会传统的"乌布哈克制度"[4]并

---

[1] KING E. From classrooms to conflict in Rwanda[M]. Cambridge: Cambridge University Press, 2015: 92.

[2] 含米特理论是欧洲殖民者的一种种族主义理论，推崇亚洲的含米特人创造了非洲文明，非洲任何的文明成就都归功于含米特人，这一理论加剧了图西族和胡图族的种族冲突。

[3] Ministry of Primary and Secondary Education. Histoire du Rwanda, Iie Partie[M]. Kigali: Direction des Programmes de l'Enseignement Secondaire, 1989: 9-23.

[4] 一种类似欧洲分封制的社会机制，认为图西人以畜牧业为生，为以农业为生的胡图人提供牛群、牛乳制品以及军事保护，以换取胡图族的土地和效忠。在这种恩庇/侍从制度下产生了卢旺达传统的酋长，酋长之首即图西族国王。

予以强烈谴责，认为这是一种带剥削性质的、不人道的社会体制，这种体制使得图西族掌握了经济、政治权力，却要求胡图族无条件服从图西族。对应的教师辅导用书要求教师向学生详细介绍这种"奴役的社会机制"，并评论"它导致了图西族对胡图族的经济剥削，最终使得图西族获得政治上的优势地位与统治地位"。[1]

与此相对，在介绍胡图族历史事件时，相关教科书则显得温情脉脉。在介绍1957年代表胡图族激进派思想的《胡图族宣言》时，《历史Ⅱ》的编者将它形容为一份"克制、温和"的政治宣言，称它所要求的仅仅是"民主""平等"。编者将以卡伊班达为首的胡图族政治精英描绘成"为正义和民主而战的勇士"，[2] 还大肆赞扬比利时殖民政府，认为其最后"镇压了图西族的独裁统治，剥夺了图西族精英的特权，转为支持原先处于边缘地位的胡图族"，并"顺应民心，帮助卢旺达成为一个真正的民主共和国"[3]。

此外，《历史Ⅱ》为了强调胡图政府在经济、社会文化及民主建设方面取得的成就，甚至不惜扭曲事实。例如，书中着重介绍了"基于学术成绩的入学及就业标准"，而对任何可能涉及入学配额制的实际内容只字不提。[4]《历史Ⅱ》还将1959年逃离卢旺达的图西族民众污名化，认为他们是卢旺达"国家安全的威胁"，是"恐怖主义者、叛徒，以及共和国的敌人"。图西族难民被视为"企图危害共和国稳定"的罪魁祸首，企图通过"侵略"来"摧毁年轻的共和国，重建其君主专制制度"。[5]

---

[1] Ministry of Primary and Secondary Education. Histoire du Rwanda, lie Partie[M]. Kigali: Direction des Programmes de FEnseignement Secondaire, 1989: 129.

[2] Ministry of Primary and Secondary Education. Histoire du Rwanda, lie Partie[M]. Kigali: Direction des Programmes de FEnseignement Secondaire, 1989: 113.

[3] Ministry of Primary and Secondary Education. Histoire du Rwanda, lie Partie[M]. Kigali: Direction des Programmes de FEnseignement Secondaire, 1989: 104.

[4] Ministry of Primary and Secondary Education. Histoire du Rwanda, lie Partie[M]. Kigali: Direction des Programmes de FEnseignement Secondaire, 1989: 154.

[5] Ministry of Primary and Secondary Education. Histoire du Rwanda, lie Partie[M]. Kigali: Direction des Programmes de FEnseignement Secondaire, 1989: 167.

这一时期的公民教育课程，在内容方面也与历史教育相重合。关注卢旺达人权发展的非政府组织"非洲权力组织"的一份报告显示，当时卢旺达学校的各科教育都呈现出明显的意识形态偏见。各科教育被用来赞颂"胡图族民主共和国政府"，以及他们推翻"图西族专制统治"的"丰功伟绩"。[1] 一位受访者表示，这样的公民教育实际上进一步分裂了卢旺达，并将病态的意识形态传播到校园之外，蔓延至整个社会。

这种深受意识形态影响、被刻意曲解的历史教育及公民教育，在卢旺达师生中产生了巨大的负面影响。教师们认为，这一时期的教学内容是政治宣传式的、分裂式的教育，学校的历史教科书总是重点介绍各种族迁移定居的历史，而学生则学习图西族对胡图族的残酷专制统治；甚至还有数学教材以屠杀图西族人为题教数学知识："如果你家里有 10 只蟑螂，杀了 4 只，还剩几只？"[2] 自 1959 年卢旺达爆发"社会革命"之后，数以万计的图西族人沦为难民逃离故乡，他们时常试图重返卢旺达，也因此被蔑称为"蟑螂"。这样的教学内容实际上隐含着深刻的歧视与偏见，除了加深族群间的误解与仇恨外，也给学生带来了深深的伤害，使其对自身的族群身份产生怀疑和负罪感，无法实现族群身份与自我的统一。学者加萨纳博在其著作《回忆》中记述的一位图西族学生与其父亲之间的对话就十分有代表性："老师说图西族是邪恶的，图西族总是殴打、压迫胡图族；图西族老爷们无所事事，胡图族贫苦老百姓却需要为他们整日劳作，终日奔波。父亲，图西族真是太肮脏了，我们不应该继续做图西族人。"[3]

---

[1] RIGHTS O A. The heart of education: assessing human rights in Rwanda's schools[M]. Kigali: African Rights Press, 2001: 9.

[2] 陈如愿. 卢旺达民族国家建构过程中的教育两面性研究[D]. 金华：浙江师范大学，2021.

[3] J-D GASANABO J-D. Memoires et histoire scolaire: Le cas du Rwanda du 1962—1994[M]. Geneva: University of Geneva, 2004: 164.

2．民族主义的教育实践

除了历史、公民教育中的歧视性内容外,第一、第二共和国时期的卢旺达课堂教育实践活动中也存在大量针对图西族的歧视和污名化行为,这同样激化了族群矛盾,进一步分裂了卢旺达社会。

(1)课堂教学实践。第一、第二共和国时期的教育彻底沦为胡图族民族主义意识形态的传播工具,其对族群关系的破坏性影响是显而易见的,主要表现在教条式教学方法、歧视性课堂实践以及隐含族群性歧视的教学语言三方面。

教条式教学法使学生批判性思维受到削弱。这一时期的卢旺达正规教育,其特点在于推行以教师为中心的教学法。在教学活动中,主要采用"教师在讲台上照本宣科,学生在台下死记硬背"的教条式教学法,教师仅简单罗列教科书上的知识点,不允许学生就复杂而有争议性的话题展开讨论,也不鼓励学生提问。若是学生与教师的观点不符便会遭受严厉呵斥。一位受访者这样形容当时的情况:"老师们只让你学习他们想让你学的内容,如果你发现老师出错了,你还不能质疑他。"[1] 校方通过此类教学方法,刻意培养学生的"服从精神",意图使学生服从政府、服从权威,从而完成胡图族民族主义意识形态的同化过程。如此一来,学生也就失去了独立思考的能力,无法培养自身合理解决、应对冲突的技巧,开始盲目服从。

汉娜·阿伦特在其著作《艾希曼在耶路撒冷:一份关于平庸的恶的报告》中提出"平庸的恶"的概念,正是对这种盲目服从教育的最佳注解。1994年种族大屠杀发生后,大多数胡图族凶手坚信自己并没有责任,反而认为他们只是执行任务而已。族群冲突领域的工具主义理论认为,当民众因族群身份被动员起来,进而被政治精英操纵时,暴力冲突就会爆发。正如一位教师这样分析当时的大屠杀:"在这(大屠杀)之前,我的学生们互相往来,彼此爱

---

[1] KING E. From classrooms to conflict in Rwanda[M]. Cambridge: Cambridge University Press, 2015: 100.

护。然而当政府下令屠杀所有图西族人时，一切都变了。学生们立刻分帮结派，开始行动，他们说，'我必须这么做，这是国家的命令。'"[1] 失去独立思考能力的学生，最终成为胡图族民族主义意识形态的屠杀工具，成为族群冲突的牺牲品。

歧视性课堂实践使教育隔离与族际矛盾加剧。前文述及卢旺达的入学配额制度，大部分图西族学生被剥夺了继续升学的机会，即使少数学生能够顺利进入中等教育阶段，教师在教学实践过程中也会对他们实行歧视性对待。例如，图西族学生被中等教育机构录取后，在入学报到时必须出示族群身份证，工作人员会将每一位学生的身份记录在册。学年伊始，胡图族教师就会按照名册将学生分为两列，以区分胡图族与图西族。当图西族学生被迫当着所有同学的面站起来进行分列时，他们内心的屈辱感与自卑感可想而知，而他们的胡图族同学也会因为教师和外界社会的刻意引导而对自己的图西族同学恶言相向乃至欺凌。这种行为实质上是在学生心中打上了种族主义意识形态的烙印。许多图西族学生因此遭受身心创伤，不愿再回到学校。一位曾担任小学教师的图西族受访者表示："有些学生很有挫败感，尤其是当同学们谈到图西族相关话题时……有学生说这就像一场精神酷刑，因此他们选择留在家里，就此辍学。"[2]

教学语言隐含族群性歧视加剧了族群矛盾与冲突。作为比利时的前殖民地，法语是当时卢旺达的官方语言之一，主要通行于上流社会；而法语当时也是国际贸易的通用语言之一，是一种文化资本，掌握法语能为学生的未来发展带来更多机会，从而促进阶层流动。

在20世纪40—70年代，卢旺达小学低年级段（一至三年级）采用卢旺达语作为教学语言，小学高年级段（四至六年级）则以法语为教学语言。根据1962年《宪法》及1966年教育政策的相关规定，卢旺达初等教育阶段实

---

[1] KING E. From classrooms to conflict in Rwanda[M]. Cambridge: Cambridge University Press, 2015: 77.

[2] KING E. From classrooms to conflict in Rwanda[M]. Cambridge: Cambridge University Press, 2015: 87.

行义务教育，[1]这一时期，图西族学生尚且有机会学习并掌握法语。为了进一步限制图西族的发展，1979年，哈比亚利马纳政府出台了教育改革方案，其中一项规定就是将初等教育所有年级段的教学语言改为卢旺达语，只有中等教育和高等教育阶段才能学习和使用法语。结合此前的入学配额制，卢旺达政府通过在语言学习上设置族群身份障碍，剥夺了大多数图西族学生学习法语的权利，再次加剧了族群矛盾与冲突。

（2）极端主义宣传。除了学校教育等正规教育途径外，胡图族政府还通过报纸、新闻媒体等大众传媒方式，开展针对图西族的污名化教育。这一时期，国家宣传机构通过文章、广播、讽刺漫画等，不断强调卢旺达人民的血泪史，将图西族污蔑为"奸诈、虚伪、不知感恩的"暴徒，是胡图族的"仇人和杀人凶手"。[2] 媒体不间断地呼吁胡图人民不可忘记1959年的"社会革命"，不要对图西族可能带来的威胁放松警惕，企图在民众中营造出"长期革命"的社会政治氛围。1990年，以乌干达图西族难民为主的爱国阵线发动"武装归国"运动后，卢旺达内战爆发，卢旺达极端主义媒体更是借此机会将爱国阵线所代表的图西族污蔑为"对权力极度渴望的暴君"，号召民众开展"善与恶"之间的斗争。1992年，里昂·马格塞拉发表了臭名昭著的演说，号召民众开展针对图西族的大屠杀。

这些极端主义言论与当时的歧视性教育政策一道，深刻影响了卢旺达民众的集体认知及政治记忆，进而将图西族与胡图族之间的联系割裂、转换，人为地构建起族群仇恨，最终在1994年导致了种族灭绝事件的惨烈爆发。社会学家维达尔在观察卢旺达社会后这样描述胡图族与图西族学生之间的紧张关系："（胡图族学生）憎恨自己的图西族同学，认为他们所有的一切都是堕落腐朽的——包括他们的外貌、饮食方式、声音，尤其是他们的族群身份。

---

[1] KING E. From classrooms to conflict in Rwanda[M]. Cambridge: Cambridge University Press, 2015: 99.
[2] 陈如愿. 卢旺达民族国家建构过程中的教育两面性研究[D]. 金华：浙江师范大学，2021.

当局通过一切手段来构建胡图族对图西族的憎恶，并以刻板印象的方式影响着尚未形成独立判断能力的学生；而胡图族学生周围的社会与教育环境，也不断地向他们重复并加深'图西族是邪恶的'这一刻板印象"。[1]

在第一、第二共和国时期，教育领域虽然取得一定程度的发展，如中等学校数量从1962年的23所增至1972年的63所，女生录取率由1961年的29%升至1972年的45%；[2]但就教育在国家-族群这一宏观关系的处理方面，教育总体上体现出负面功能。具体而言，卢旺达政府通过入学配额制、误导性的历史公民教育、歧视性的课堂教学实践，以及带有浓重意识形态色彩的大众传媒教育，在社会结构及心理文化层面都增加了卢旺达族群间暴力冲突的可能性。学校正规教育是国家开展教育的关键途径，当时由于国家教育资源有限，采取平权措施以保障各地区合理的资源分配本无可厚非，但胡图族政府在实际过程中却采取基于族群身份及地域倾向的入学配额制，激化了族群间的矛盾，也引发了南北省份对稀缺教育资源的恶性竞争，进而在横向族群关系、纵向地域分布的双重角度撕裂了卢旺达社会，对卢旺达社会起到严重的破坏性作用。而当族群矛盾累积到一定程度，民众又缺乏批判性思考的能力时，社会走势就容易被政治精英所操纵。一旦社会被激进主义的意识形态所渗透，就极易爆发基于族群身份的暴力冲突，从而将所有民众裹挟。

三、20世纪90年代教育制度调整

20世纪90年代，卢旺达进行教育制度调整。首先将小学学制恢复到六年，取消七八年级的设置；然后对所有中学生实行统一的三年制中学教育，同时限制工艺技巧教育扩招。这次教育改革效果微乎其微，原有的政策制度

---

[1] 陈如愿. 卢旺达民族国家建构过程中的教育两面性研究[D]. 金华：浙江师范大学，2021.
[2] 陈如愿. 卢旺达民族国家建构过程中的教育两面性研究[D]. 金华：浙江师范大学，2021.

和教育政策基本没变，中学依然基本由教会掌控，同时在入学方面种族限额问题并没有得到解决。[1]

卢旺达独立之后实施的三次教育改革，在一定程度上推动了卢旺达教育发展。以基础教育为例，1960—1994年初，卢旺达小学生人数由16万增长到近170万[2]，教室数量从5 059间增加到18 826间[3]。成就显著，但问题同样突出，如教育体系中的"种族歧视"，特别是在入学制度和课堂教学方面，实行种族与地区限额招收政策和带有种族歧视的教学方式，贬低图西人，因此，改革并未实现教育公平，反而更加强调种族的优越性，加剧了种族歧视和种族矛盾。

第三节 大屠杀后的教育历史

一、大屠杀对教育的影响

种族屠杀爆发后，卢旺达接近八分之一的人口失去了生命，大屠杀使得卢旺达独立以来几十年的发展成果荡然无存，国家一下子倒退到殖民时期。[4] 卢旺达教育也难逃厄运，大量教育机构遭到破坏，教育行政人员伤亡惨重，几乎所有学校都遭受焚烧，财产被洗劫一空，[5] 卢旺达教育近乎停滞、崩溃。

动乱结束后，临时政府组建了教育部，但此时的教育部没有任何财政资

---

[1] 林斌. 种族屠杀后卢旺达教育重建问题研究[D]. 金华：浙江师范大学，2011.
[2] Ministry of Education. With the support of UNDP/UNESCO. Study of the education sector in Rwanda[R]. Revised edition. Kigali: Ministry of Education, 1998(a): 236.
[3] 林斌. 种族屠杀后卢旺达教育重建问题研究[D]. 金华：浙江师范大学，2011.
[4] 冯志明. 坎坷的民族和解之路[D]. 福州：福建师范大学，2012.
[5] 林斌. 种族屠杀后卢旺达教育重建问题研究[D]. 金华：浙江师范大学，2011.

助，既没有办公用品，也没有工作人员，一切从零开始。[1]大屠杀发生后的第四年，卢旺达人口约为740万，但卢旺达独立30年以来，大学毕业生总计不足2 000人。[2]这给当时的政府带来了极大的挑战——全国虽然有工程师和专业技工，但没有外科医生、法官，也几乎没有合格的律师，相关工作的开展仅靠一些半熟练半专业的人士。2006年，教育部统计数据显示，在人口增加到930万时，大学毕业生的数量已增加到45 122人（为1994年的10倍）。2017年，在卢旺达全国1 200万人口中，大学毕业生的数量已经超过了50万人，占人口总数的4.2%。但是，国家要实现合理的经济增长和发展，这个比例不能低于10%。卢旺达至少需要120万大学毕业生来填补这个缺口。[3]国家面临巨大挑战，包括师资短缺、基础设施和设备（如实验室、图书馆、信息通信技术接入渠道等）缺乏。1998年，卢旺达国立大学教师数量约1 200名，[4]师资不足是教育重建必须要解决的难题之一。此外，教师区域分布不平衡，大部分大学通过提高薪资互相挖人，或是高度依赖借调的教师，师资在学校间不停地流转，发达地区优秀教师比率高达95%，而偏远农村地区的合格教师仅为25%左右[5]，教师变成了"学术小贩"，没有时间进行任何学术研究。

二、爱国阵线执政后的教育改革

（一）实施多语教育的语言政策

卢旺达的多语环境现状与其历史和政治权力斗争有关，前殖民地语言法

---

[1] 林斌. 种族屠杀后卢旺达教育重建问题研究[D]. 金华：浙江师范大学，2011.
[2] 鲁希巴纳，李丛. 卢旺达教育之路[J]. 中国投资，2018（2）：66-69.
[3] 鲁希巴纳，李丛. 卢旺达教育之路[J]. 中国投资，2018（2）：66-69.
[4] 林斌. 种族屠杀后卢旺达教育重建问题研究[D]. 金华：浙江师范大学，2011.
[5] 林斌. 种族屠杀后卢旺达教育重建问题研究[D]. 金华：浙江师范大学，2011.

语和象征身份和意识形态的英语成了种族大屠杀之后替代种族区分的身份标志。[1] 多语教育政策在法语、英语、卢旺达语关系错综复杂的背景下出台。这一时期，卢旺达语渐渐受到重视，英语的地位依然稳固，法语日渐式微。但限于客观条件、政治环境以及多语教育政策实施效果不理想等因素，卢旺达的语言教育仍面临诸多难题。卢旺达在多语环境的非洲中算是特例，其境内无论是哪个民族都使用卢旺达语。卢旺达语虽然在文化、经济领域不占优势，却是在为数不多的非洲国家中统一使用的非殖民地语言，并广泛使用于其周边国家地区，如乌干达南部、刚果（金）东部和坦桑尼亚西部。[2] 然而，加强卢旺达语的教育并不是当权者最初的选择，卢旺达的普通民众也很难感受到这个变化。与种族冲突的化解、和平局面的维持，甚至是经济社会的发展密切相关的仍然是法语和英语。

卢旺达独立之后首先推行的是卢旺达语加法语的双语模式，但其目的是让法语逐渐取代卢旺达语成为教学语言。现任政府执政以来，英语的影响力明显增加，但使用法语的人数依然较多，英语和法语两种教学语言并存。在从法语向英语转变的过程中，有些人从中受益颇多，但大部分人并未掌握足够的英语技能。因此，多语政策可能是一个更好的选择。卢旺达的语言政策旨在根据学生的特点开展不同的双语教学，在小学低年级使用卢旺达语进行教学，小学高年级和中学使用法语和英语，以帮助他们更好地参与到卢旺达社会经济的建设中来。[3]

卢旺达语是卢旺达全民族通用的唯一的本土语言，是各民族的黏合剂。[4] 政府认为，卢旺达人有相同的语言、文化、宗教和习俗，所有卢旺达人

---

[1] 由于卢旺达不再区分胡图族和图西族，政府也禁止谈论民族问题，语言就成了身份和民族的象征，成为区别社会阶层的标识，普通民众若想在社会地位、经济、政治上获得优势，就必须使用英语。参见曾广煜，张荣建. 卢旺达的多语教育政策与汉语传播[J]. 重庆师范大学学报（社会科学版），2018（5）：100-105.

[2] 曾广煜，张荣建. 卢旺达的多语教育政策与汉语传播[J]. 重庆师范大学学报（社会科学版），2018（5）：100-105.

[3] ANNAMALAI, E. Reflections on a language policy for multilingualism[J]. Language policy, 2003(2): 2.

[4] 张荣建，曾广煜. 卢旺达语言政策演变及影响的多视觉分析[C]//四川西部文献编译研究中心. 外语教育与翻译发展创新研究：第7卷. 成都：四川师范大学电子出版社，2018：416-422.

都使用卢旺达语，都是卢旺达公民，也就是同一个种族。政府还认为，卢旺达种族划分是殖民时期的产物，卢旺达社会分歧和种族冲突的根源是殖民统治。殖民者为了殖民统治而有意地将社会阶层和财富的社会差异种族化，从而分裂了社会，加深了民众的敌意。卢旺达的内战和冲突就是基于身份的冲突。

卢旺达语言政策的演变有多种因素，包括促进民族和谐、重塑卢旺达的身份、加强与英语国家的联系、促进经济发展等。但是，将英语作为唯一教学语言和政府工作语言会带来一系列问题。英语是与特定的身份和社会群体相联系的，是卢旺达社会政治和经济精英的语言，使用英语的群体更有社会经济优势。实行语言政策是卢旺达政府努力发展经济、建立新的卢旺达形象的措施之一，而语言政策也必须有利于改善母语读写能力和提高教育质量，有利于包括农村人口在内的社会群体，如此才能够对未来社会经济和政治发展产生积极影响。作为唯一的民族语言，卢旺达语能够确保卢旺达政治、经济、社会和文化发展的实现，成为政府和民众的沟通工具，应该恰当和有效地使用在国家生活的各个方面。[1]

目前，卢旺达正在逐步编写和出版本国的教材，规定小学用卢旺达语教学，从小学四年级开始学习法语，中学用法语教学，这样学生将有更多的时间学习本国的语言和文化。

（二）大力推行公民教育

为了避免再次产生民族冲突和纷争以及增强对国家的认同感，卢旺达废除通行多年的民族身份登记制度，摒弃部族意识，强调平等竞争，加强公民教育，建构卢旺达国家意识。

---

[1] 张荣建, 曾广煜. 卢旺达语言政策演变及影响的多视觉分析[C]//四川西部文献编译研究中心. 外语教育与翻译发展创新研究：第7卷. 成都：四川西部文献编译研究中心，2018：7.

1. 废除民族身份登记制度

1994年7月，卢旺达民族团结政府组织修改宪法，将反对分裂主义和部族主义的内容写入宪法，并在身份证登记中取消了"民族"一项，随后取消注有民族出身的身份证，强调所有卢旺达国民都是卢旺达人，不再有图西族、胡图族、特瓦族的区分。[1] 这一系列措施无疑有利于淡化民族身份，推动民心凝聚，营造团结友爱的社会风气。

2. 摒弃部族意识，强调国家身份认同

一是在新国歌和国旗中，不再提及部族之间的区别，强调国家的统一和团结。具体表现为新国旗用深蓝色代替红色和黑色，而象征阳光、希望以及卢旺达郁郁葱葱的自然景观的黄色和绿色则被保留。[2] 二是进行教育改革，使卢旺达公民享有平等的教育机会。卢旺达推行12年免费基础教育，实现了不同种族归属的学生能够享有同等的受教育机会，以创造公平、平等的教育环境。三是在中小学阶段增加和平教育内容，强调大家共同的身份——卢旺达公民，避免民族歧视和种族冲突，保证在教育层面各部族机会均等。

3. 开展"伊图利柔"项目，推动公民教育

"伊图利柔"项目是继英甘杜项目之后卢旺达最重要的非正规公民教育项目。通过"伊图利柔"教育，民众可以学习卢旺达国家历史与卢旺达语，学习舞蹈、音乐，了解社会关系，培养保家卫国的意识，弘扬爱国主义精神，

---

[1] 侯发兵. 卢旺达的民族身份解构：反思与启示[J]. 西亚非洲，2017（1）：139-160.
[2] 侯发兵. 卢旺达的民族身份解构：反思与启示[J]. 西亚非洲，2017（1）：139-160.

从而萌发出对国家、集体的认同感与归属感。[1]

（三）多方参与教育重建，分担教育责任

1. 加强与教会的合作

早在卢旺达殖民时期，天主教教会在卢旺达建立了神学院、传教站等机构，使用卢旺达语进行教义问答，为卢旺达创办各类学校、筹集教育资金、开设教学课程、编写教材以及培训中学教师[2]，推动了当地教育发展，对卢旺达教育产生了长期而深远的影响。种族屠杀结束后，卢旺达教育重建面临着严峻的挑战。由于国家与教会在教育方面有着长期合作的历史，卢旺达政府通过多次召开"国教"会议、出台法规重申教育模式等措施来修复与教会的关系，推进教育合作。合作的主要内容包括签订加强新时期合作协议，成立"政府与天主教教育联合委员会"，共同商议战后教育重建工作，制定教育具体目标，旨在消除种族歧视与偏见，培养新时期的卢旺达公民。[3] 此外，政府还颁布新《教育法》明确"资助学校"的性质及功能，[4] 教育部重申教会资助学校、公立学校及私立学校共同发展的教育模式，鼓励教会监督、指导政府在教育方面的工作，[5] 同时希望教会能为战后教育重建筹集基金。在政府的努力下，天主教教会积极对卢旺达重建提供各方面援助，包括在全国各地建立大量的学校，提供大量社区和家庭护理、健康教育和心理支持，[6] 协助政府恢复教育。

---

[1] 陈如愿. 卢旺达民族国家建构过程中的教育两面性研究[D]. 金华：浙江师范大学，2021.
[2] 林斌. 种族屠杀后卢旺达教育重建问题研究[D]. 金华：浙江师范大学，2011.
[3] 资料来源于联合国教科文组织官网.
[4] 林斌. 种族屠杀后卢旺达教育重建问题研究[D]. 金华：浙江师范大学，2011.
[5] 资料来源于联合国教科文组织官网.
[6] 修浩. 基督教与卢旺达大屠杀研究[D]. 金华：浙江师范大学，2019.

2．鼓励私人办学，弥补教育资源不足

大屠杀导致卢旺达国内大部分学校遭到破坏，仅仅依靠教会力量恢复国内教育远远不够。还需要借助民间力量。利用民间力量参与办学不仅能提供更多的教育资源，还能够与公办学校形成良性竞争。因此，卢旺达新政府鼓励和支持民间力量参与教育重建工作，放宽民办学校的创办条件，规定"任何团体或个人，只要有三个或以上的成员即可注册创办私立学校"。[1] 私立学校蓬勃发展，使得民众获得教育的机会增加，极大地缓解了卢旺达教育重建工作的压力，推进了卢旺达的学校建设。

（四）大力发展职业教育

卢旺达底子薄、发展快，在工业化进程中面临巨大的教育压力。[2] 早在20世纪60年代，卢旺达便重视职业培训，大屠杀结束后，卢旺达不断增加职业教育与培训的学校和机构。2008年，卢旺达提出职教和普教融通的框架，构建以产业为导向的敏捷型职业教育，为建设知识型社会而服务。[3][4] 2015年，在中国"一带一路"倡议推动下，中国和卢旺达加强了在教育领域的合作。经过多年的发展，卢旺达职业教育与培训体系日渐完善，在培养人才方面发挥着不可替代的作用。在技术和职业教育与培训机构上，卢旺达劳动力开发局负责监督管理，而职业培训中心、中专学校、综合理工区域中心负责实施技术和职业教育与培训；在技术和职业教育与培训的教育内容上，主要包括职业培训、技术教育和继续技术教育三部分；在普职融通上，三次教育分流使卢旺达学生能够在普通教育和职业教育之间实现普职选择，满足了学

---

[1] 林斌. 种族屠杀后卢旺达教育重建问题研究[D]. 金华：浙江师范大学，2011.
[2] Ministry of Finance and Economic. Annual economic report fiscal year 2017/2018[R]. Kigali: 2019.
[3] Ministry of Education. Technical and vocational education and training policy[R]. Kigali: 2015.
[4] Ministry of Education. Technical and vocational education and training policy in Rwanda[R]. Kigali: 2008.

生多样化的学习需求。

（五）教育改革的成效

1. 教育重建工作取得较大进展

在基础设施建设上，学校从 1994 年的 1 300 多所增加到 1999 年的 2 000 所左右，增长率为 53.8%，增速较快。[1] 在小学教育入学率上，1998 年卢旺达小学入学总人数约 140 万，毛入学率 94%，净入学率为 75%；2008 年入学人数实现空前高涨，总人数达到 232 万人，毛入学率为 128%，净入学率 98%。[2]

2. 促进了卢旺达族群和解

卢旺达大力推行公民教育，相关历史教科书通过介绍前殖民时期卢旺达社会的祥和、团结，来引导学生再次统一、团结起来[3]，有助于学生了解自己的权利和义务，培养了学生的独立思考能力和批判性思维，强化了民族认同，缓解了图西族和胡图族之间的冲突，推动了族群和解的实现，极大地降低了种族灭绝再次发生的可能性，促进了建构统一的卢旺达国家认同。

---

[1] 林斌. 种族屠杀后卢旺达教育重建问题研究[D]. 金华：浙江师范大学，2011.
[2] 林斌. 种族屠杀后卢旺达教育重建问题研究[D]. 金华：浙江师范大学，2011.
[3] 陈如愿. 卢旺达民族国家建构过程中的教育两面性研究[D]. 金华：浙江师范大学，2021.

第四章 学前教育

学前教育阶段是幼儿学习的初始阶段，地处非洲的卢旺达由于落后的经济条件和历史原因，学前教育发展非常缓慢。但近年来卢旺达政府也在积极改善学前教育的情况，竭力提升学前教育的质量。

第一节 学前教育的发展和现状

一、学前教育的历史发展

与非洲大部分国家一样，卢旺达学前教育发展历史不长，在西方殖民者到达卢旺达之前，卢旺达并没有形成专门形式化或制度化的学前教育。对幼儿的教育主要在家庭中进行，家庭成员通过摇篮曲、游戏、讲故事等方式向幼儿传授基本的知识经验。伴随着殖民者的入侵，西方教育也渐渐影响卢旺达，但殖民者根本不会关注当地的学前教育，因此也就没有什么发展。卢旺达独立后，在西方殖民教育系统的基础上逐步建立起学前教育体系，但由于政局动荡、流行病频发，学前教育并没有得到足够的重视，始终处于边缘地位。直到1994年新政府成立后，卢旺达才采取各种措施积极推动学前教育事业发展。

二、学前教育的现状

（一）学制

卢旺达学前教育是非强制的，也不是免费的，一般由家长自行负责，国家没有设立专门的学前教育管理和监督机构。卢旺达学前教育学制是三年，分为小班、中班和大班，入学年龄一般是3—5岁，教育内容主要是小学阶段的预备教育，教学语言以卢旺达语为主。在卢旺达，由于学费比较昂贵，并不是每个学生都有接受学前教育的机会，只有部分家庭条件比较好的孩子才有资格接受学前教育。

（二）教育机构

2013年以前，卢旺达基本没有公立学前教育机构，学前教育主要由私立机构来承担。2013年，卢旺达公立幼儿园只有2所，而私立幼儿园有2 074所。公立幼儿园位于公立学校的院落内，作为公立学校的附属机构存在；私立幼儿园主要的办学主体有天主教、新教、基督复临派、伊斯兰教教会，以及家长协会、个人、非政府组织7类，其中，家长协会举办的幼儿园占比最高，新教、基督复临派教会最低。[1]

卢旺达幼儿园主要提供四种服务：67.7%的幼儿园提供幼儿教育和规划，69.8%的幼儿园提供幼儿健康和营养服务，75.0%的幼儿园提供幼儿护理，

---

[1] 资料来源于卢旺达国家统计局网站。

87.5%的幼儿园提供托育和早期教育。[1]

2014年是卢旺达学前教育发展史上具有里程碑意义的一年，当年新建公立学前机构达1418个，总数达到1420个，公立学校的数量超过了私立学校。2017年，卢旺达公立学前教育机构达到峰值，为2322个，但到2018年数量急剧下降，缩减为455个，远低于私立学校的数量。2013—2018年卢旺达学前教育机构数量见表4.1。

表4.1 2013—2018年卢旺达学前教育机构数量

单位：个

年份	2013	2014	2015	2016	2017	2018
公立学校	2	1 420	1 211	1 474	2 322	455
私立学校	2 074	1 011	1 407	1 283	864	1 123
总计	2 076	2 431	2 618	2 757	3 186	1 578

（三）学生入学情况

2013年前，由于公立学前教育机构几乎没有，孩子只能选择在私立学校或社区学校接受学前教育。2013年，2所公立学前教育机构有363个孩子就读，而在私立学校或社区学校就读的孩子达到142 108人。2014年之后，由于公立学前教育机构纷纷建立，选择公立学校的学生越来越多，除2015年在私立教育机构就读的儿童比公立机构多，其他年份公立机构的学生都多于私立机构。2013—2018年卢旺达学前教育学生人数情况见表4.2。[2]

---

[1] 资料来源于卢旺达国家统计局网站。
[2] 数据来源于《2019年卢旺达统计年鉴》。

表 4.2 2013—2018 年卢旺达学前教育学生人数

单位：人

年份	2013	2014	2015	2016	2017	2018
男生	69 418	77 872	90 135	91 356	108 462	112 044
女生	73 053	81 419	93 523	94 310	111 973	114 662
公立学校	363	93 499	86 634	96 441	129 507	140 690
私立/社区学校	142 108	65 792	97 024	89 225	90 928	86 016
总计	142 471	159 291	183 658	185 666	220 435	226 706

在班额上，学生人数较多，无论是公立幼儿园还是私立幼儿园，每个班平均都在 40 人以上，2013—2018 年卢旺达学前教育机构教室和班额情况见表 4.3。[1] 从以上数据可知，卢旺达学前教育的发展仍较落后，建设任务任重道远。

表 4.3 2013—2018 年卢旺达学前教育机构的教室和班额情况

年份	2013	2014	2016	2017	2018
教室（个）	3 064	3 648	4 427	5 207	5 509
班额（人）	46	44	42	42	41

（四）师资情况

卢旺达学前教育的教师人数一直呈稳步增长趋势。2013—2018 年卢旺达学前教育教师数量见表 4.4。与其他国家一样，由于学前教育的专业性和特殊性，卢旺达学前教育以女教师为主体，男教师数量虽然一直在增加，但仍远低于女教师数量。可喜的是，教师的性别比例一直在改善，近年来，越来越多的男教师加入到学前教育的队伍中来。

---

[1] 数据来源于《2019 年卢旺达统计年鉴》。

表 4.4 2013—2018 年卢旺达学前教育教师人数

单位：人

年份	2013	2014	2015	2016	2017	2018
男性	714	921	1 101	1 297	1 367	1 457
女性	3 094	3 750	4 285	4 562	5 445	5 721
总计	3 808	4 671	5 386	5 859	6 812	7 178

（五）教材

卢旺达幼儿园教材种类较为丰富，教材主要涵盖八大主题：发现世界、计算能力、体育和健康发展、创意艺术和文化、卢旺达语、语言和识字、英语、社会和情感能力发展。[1] 教材多样化的主题能够较好地引导学前儿童感知世界、认识世界，促进幼儿思维能力发展。

（六）学前教育的政府规划

2015 年，卢旺达政府批准实施以游戏和能力为基础的学前教育课程，同年实施课程考试的教师直聘制度，并在 2017 年制定工作计划。目前，卢旺达全国已经有超过 3 400 个学前班。教育部正在与诸多利益相关者合作，以信仰为纽带建立伙伴关系，整合各种资源扩大学前班规模，共同制定学前教育指导文件、课程表、教师指南、工作计划和标准等，并配发给各幼儿教育中心，以确保当地提供高质量的学前教育。

卢旺达《2018/2019—2023/2024 财年教育部门战略计划》指出，卢旺达学前教育和入学准备计划是面向未来学校学习，特别是为那些处境不利儿童

---

[1] 资料来源于卢旺达国家统计局网站。

打基础。卢旺达政府承诺扩大3—6岁儿童的三年早期教育机会，国家目标是到2023/2024财年使45%的儿童获得早期教育。

（七）学前教育获得的外部支持

卢旺达学前教育之所以得以快速发展，外部组织和机构的支持功不可没。

1. ECDVU

ECDVU全称是Early Childhood Development Virtual University，即"儿童早期发展虚拟大学"。该组织致力于三个目标：一是开发参与该项目的非洲国家学前教育的领导能力，并尽可能将项目经验向整个非洲地区推广；二是培养学员的两大能力，包括学前教育融合方法的理论理解能力以及学前教育实践知识和技能的获得能力；三是扩大并支持撒哈拉以南非洲的学前教育网络。[1] ECDVU为卢旺达培养了一大批学前教育人才，在一定程度上推动了卢旺达学前教育的建设和发展，也为非洲学前教育的发展指明了方向。

2. 非洲教育发展协会

非洲教育发展协会的前身是成立于1988年的非洲教育捐助者联盟，这是一个旨在指导非洲教育援助政策制定和推动援助项目实施的国际性非政府组织。时至今日，协会成员主要来自非洲22国87个教育部门、21个非洲区域

---

[1] 万秀兰，曹梦婷. 撒哈拉以南非洲儿童早期发展虚拟大学项目研究——学前教育能力建设的视角[J]. 外国教育研究，2013，40（6）：91-97.

和国家组织、20个国际发展机构和组织。[1]

卢旺达成为非洲教育发展协会成员后积极参与各项活动，探索适合本国教育发展的道路。2016年，非洲教育发展协会在卢旺达建立"教与学"跨国质量网，协调机构是卢旺达教育科技科研部，卢旺达可根据协会成员面临的共同问题设定自己的工作目标，开展相关活动。[2]

3."保姆培训活动"

2022年10月—11月，卢旺达与联合国儿童基金会以及私营部门合作，开展了轰轰烈烈的"保姆培训活动"，在全国不同社区建立幼儿发展中心，以保障儿童的安全和健康。活动的目的是努力改善卢旺达的学前教育状况，主要内容包括提供儿童保育服务、儿童发展和积极育儿实践等方面的培训。

第二节 学前教育的挑战和对策

学前教育关系到儿童社会人格、社会技能、思维模式以及道德价值观等的形成和培养，但卢旺达并未将学前教育纳入义务教育体系。卢旺达的学前教育仍面临着学前教育重视不足、基础设施落后、教育不公平等一些亟待解决的问题。

---

[1] 汤春红. 非洲教育发展协会教育治理路径研究[D]. 金华：浙江师范大学，2017.
[2] 汤春红. 非洲教育发展协会教育治理路径研究[D]. 金华：浙江师范大学，2017.

一、学前教育面临的挑战

（一）对学前教育的认识存在偏差

1. 政府部门对学前教育管理职责不明晰

一是学前教育相关管理部门职责定位不清晰。例如，教育部负责统计学前教育的数据，但这一层级的数据实际由性别和家庭促进部负责，由于不同部委的职责不明确，这一层级的管理职能和政策落实没能很好地界定。二是幼儿园的地位未得到保障。大多数公立幼儿园依附于公立和政府资助的小学或中学，但政府只提供教学场所，并不支付教师工资，导致幼儿园的发展困难重重。[1]

2. 家长对学前教育认识不足

在卢旺达农村，家长普遍缺乏对孩子进行学前教育的意识。78%的受访者没有意识到学前教育的重要性，大多数家长选择给孩子更多的时间玩耍，而不是学习知识；而在城市，95%的受访者尽管重视学前教育，却把幼儿园看作是一个不用管孩子的安全的地方，也不指望在幼儿园得到什么教育。[2]

（二）学前教育建设有待进一步加强

卢旺达学前教育还面临贫困、教学资料不足、师资匮乏[3]等挑战，要想

---

[1] 资料来源于《2018年卢旺达教育统计报告》。

[2] AKIMANIZANYE A, MUHIMPUNDU N. Parents' perceptions towards the importance of preschool education in Rwanda[J]. American journal of educational research, 2020, 8(5): 9.

[3] AKIMANIZANYE A, MUHIMPUNDU N. Parents' perceptions towards the importance of preschool education in Rwanda[J]. American journal of educational research, 2020, 8(5): 9.

实现优质学前教育的目标还有很长的路要走。

一是学前教育相关经费投入不足。学前教育在非洲大多数国家的教育预算中所占份额普遍不高，而贫困国家这一比例往往更低。以2011年为例，卢旺达学前教育经费只相当于宗教支出的0.12%。[1] 学前教育经费不足直接导致卢旺达学前教育基础设施缺少物质保障，难以创造良好的教学环境和配置专业的师资，学前教育发展举步维艰。

二是学生入学率较低。根据《2016年卢旺达教育统计年鉴》，学前教育净入学率从2012年的12.7%上升到2016年的17.5%，增长了4.8%。尽管多年来在持续增长，但卢旺达《2018/2019—2023/2024财年教育部门战略计划》提出的学前教育入学率提高到45%的目标并没有实现，此前提出的2015/2016财年教育战略中25%的入学率目标也没有实现，只有17.5%的适龄儿童人口有机会接受学前教育。[2]

三是学前教育师资不足。在师资力量上，卢旺达学前教育师资匮乏，2018年，从事学前教育的教师仅7 178人，而且教师教学压力较大；在师资培训上，只有很少一部分教师能够接受专门培训[3]，教师专业性不高；在教师待遇上，教师普遍薪酬较低，待遇不高。

（三）学前教育的公平性问题

1. 私立/社区学校过多产生的教育不公平

尽管公立学前教育机构近年来增长迅速，但私立教育机构仍然占有相当

---

[1] 蔡星玥. 撒哈拉以南非洲学前教育的发展研究[D]. 金华：浙江师范大学，2014.

[2] AKIMANIZANYE A, MUHIMPUNDU N. Parents' perceptions towards the importance of preschool education in Rwanda[J]. American journal of educational research, 2020, 8(5): 9.

[3] 蔡星玥. 撒哈拉以南非洲学前教育的发展研究[D]. 金华：浙江师范大学，2014.

大的比例。私立/社区学校收费一般较高，贫困家庭无力支付，其子女无法享有同龄人拥有的入学机会，这种情况导致阶层流动困难，反过来加剧了贫困。

2. 城乡差别产生的教育不公平

总体而言，卢旺达学前教育机构62%分布在城市地区，38%分布在农村地区，但事实是2/3的学龄前儿童居住在农村地区，两者之间形成了巨大的供求差，[1] 城乡儿童教育不公平由此产生。

3. 残障儿童的学习问题

卢旺达幼儿园招收的残疾学生人数从2016年的1 545人减少到2017年的1 362人，男性和女性都减少了11.8%。[2] 大多数普通幼儿园无法为残障儿童提供无障碍学习，也缺乏专门针对残障儿童的基础设施。要保障残障儿童接受学前教育的权利，必须有充足的经费支持。

二、学前教育的发展对策

（一）完善学前教育政策法规，加大教育经费支出

卢旺达正在给予学前教育更多的重视，一方面出台和完善学前教育法律法规，加强学前教育立法和对学前教育的宏观调控，从制度层面规范学前教育，做到正规化、规范化办学；另一方面加大学前教育专项拨款，尽可能地

---

[1] 蔡星玥. 撒哈拉以南非洲学前教育的发展研究[D]. 金华：浙江师范大学，2014.
[2] 数据来源于《2018年卢旺达教育统计年鉴》。

保证学前教育经费。除此之外，政府还努力提高学前教育在全部教育中的支出占比，为学前教育提供充足的财政保障。

（二）加强学前教育教师培养培训，提升其专业素质

首先，紧跟世界教育发展潮流，修订学前教师培训章程，制定学前教育的教师标准，明确学前教师的基本素养。其次，采用短期培训和长期培训相结合的方式加强学前教师培训，并定期进行教师考核，不断提升学前教师的教学技能和专业素养，保证学前教师具有较高的专业性。最后，提升教师待遇，除为学前教师提供基本的生活保障之外，还适当提供补贴，给予教师家属一定的福利，以减少人才流失。

（三）合理配置教育资源，保证教育公平

一是改造农村落后幼儿园。加强幼儿园校舍建设，配齐教学仪器设备，保证教学基础设施完善，缩小城乡幼儿园差距；二是保障残障儿童受教育权益，及时统计未入学的适龄残障儿童，开展动员工作，努力解决残障儿童入学难题。三是加强特殊教育基础设施建设，改善特殊教育办学条件，满足残障儿童的学习需求。

（四）加强学前教育宣传，树立正确观念

一是播放相关公益片，发放宣传手册或召开家长会，引导家长认识学前教育对孩子成长和发展的意义，营造全社会积极接受并支持学前教育发展的氛围。二是根据学生家庭经济情况，适当发放一定的学前教育补贴，减轻贫困家庭的经济负担，鼓励和支持更多有条件、有能力家庭的适龄儿童接受学前教育。

第五章 基础教育

自独立以来，卢旺达政府致力于发展基础教育，采取实施教育改革等各种措施，旨在提高国民素质，并取得了一定的成效。

第一节 基础教育的发展和现状

卢旺达政府通过教育责任分担和改善外部环境、重组和培训教师队伍、增设和改革课程、利用国际社会和非政府组织的教育援助等举措[1]，重建教育系统，使基础教育得到了显著的发展。在升学率上，2017—2018年，卢旺达升学率从78.0%上升到80%，其中男生升学率为78.6%，女生升学率为81.3%。[2] 为了让所有学龄儿童都能接受并完成基础教育，卢旺达政府采取了一系列措施，如建造22 505间新教室，向小学发放3 483 123本教科书，发放202 879本英语补充读物，[3] 同时提高教师工资，向学校提供按人头计算的补助金和餐食，使基础教育获得了较快发展。

---

[1] 林斌. 种族屠杀后卢旺达教育重建问题研究[D]. 金华：浙江师范大学，2011.
[2] 数据来源于《2018年卢旺达教育统计报告》。
[3] 李景煜. 卢旺达教育变革承诺书[EB/OL].（2022-09-20）[2023-06-23]. http://cice.shnu.edu.cn/b7/a8/c18762a767912/page.htm.

一、基础教育的历史发展

当代卢旺达基础教育是在殖民时期教会学校的基础上发展而来的，教会在学校建设、课程设置、道德教育等方面扮演着重要角色。[1] 1962 年卢旺达独立，政府立即进行教育改革，开展扫盲运动，推动了卢旺达基础教育事业的发展，但其"种族歧视"的教育政策也加剧了种族矛盾，最终导致种族屠杀爆发，几乎摧毁了已有的教育成就。1994 年至今，卢旺达基础教育发展迅猛，已经成为非洲教育发展的典型成功案例，卢旺达政府也制定了基础教育可持续发展的远景目标。

二、基础教育的现状

（一）基础教育学制

卢旺达基础教育现行学制是六年小学和六年中学，中学又分为初中（3年）和高中（3年）两个阶段，如图 5.1 所示。考虑到要提升小学入学率，2003 年，卢旺达在小学实行免费教育政策，2008 年改为 9 年免费基础教育，2013 年延长到 12 年，实现了 12 年的免费基础教育。卢旺达小学为强制入学，否则罚款，学生入学年龄为 6—7 岁。在基础教育阶段，卢旺达学生面临三次教育分流，进入不同的学校，接受普通教育或职业教育（见图 5.1）。

---

[1] 林斌. 种族屠杀后卢旺达教育重建问题研究[D]. 金华：浙江师范大学，2011.

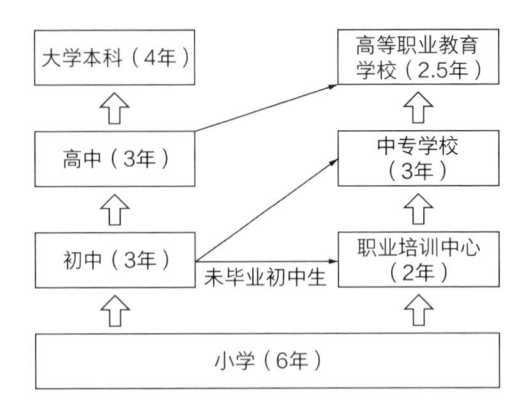

图 5.1 卢旺达的学制

（二）基础教育阶段概况

1. 小学教育

进入 21 世纪以来，卢旺达持续不断地制定教育政策和发展战略，内容涉及学校建设、教师招聘、人头补助、教学材料、促进女童教育、鼓励私营部门投资、家长参与和政府投入等，小学入学人数也因此有了较快的增长，2016—2018 年，卢旺达私立小学入学人数由 46 917 人增长到 52 638 人。[1] 此外，学校数量的增加也相当可观，2019 年，小学学校数量增加到 2 792 所。[2]

根据卢旺达国家统计局 2021 年的数据，卢旺达有小学 2 792 所，小学生 250.3 万名，毛入学率 138.8%；中学 1 783 所，中学生 73.2 万名，毛入学率 42.5%。卢旺达小学一至三年级使用卢旺达语教学，四年级开始使用英语教学。小学开设的课程主要有卢旺达语、法语、英语、数学、科学、宗教、民族、公民（学）、艺术体育和劳动，高年级增设历史教育、地理教育与和平教育。在一些公立小学和中学，法语和斯瓦希里语被设为选修课。为了避免再

---

[1] 数据来源于《2018 年卢旺达教育统计报告》。
[2] 数据来源于《2021 年卢旺达统计年鉴》。

次发生种族冲突，卢旺达政府特地规划了和平教育的内容：在中小学的一般学科内容及体育活动中，植入促进和谐、包容与民主的价值观，教导解决冲突和沟通的方法，强化跨族群的团结意识。

2．中学教育

（1）学制。卢旺达的中学学制为六年，初中和高中各三年，分为教育部隶属学校和私立学校。国家规定初中任课教师必须为大学教育专业毕业。初中毕业时每个学生都必须参加国家初中教育普通水平考试，即中考。在卢旺达，每年有超过 90 000 名学生参加中考。若未通过，学生可选择重修或就读私立高中。多数卢旺达学生会选择就读公立寄宿制学校，但需要面对非常激烈的入学竞争。

（2）学校数量。大屠杀后，卢旺达新政府鼓励教会和私人参与办学，因此卢旺达的中学创办主体日趋多元化，主要有政府，天主教、新教、基督复临派、伊斯兰教教会、家长协会六种力量，详见表5.1。其中，天主教教会、新教教会、政府办学是最主要的形式，在 2019 年所占比例分别为 37.9%、17.7%、30.7%。[1] 多元化办学为学生提供了更多的入学选择，也缓解了政府单一办学的财政压力，推动了卢旺达中学教育的发展。

表 5.1 2017—2019 年卢旺达各类中学数量

单位：所

年份	2017	2018	2019
政府主办	461	524	547

---

[1] 数据来源于《2021 年卢旺达统计年鉴》。

续表

年份	2017	2018	2019
天主教教会主办	632	661	677
新教教会主办	288	314	316
基督复临派教会主办	21	19	23
伊斯兰教教会主办	15	17	17
家长协会主办	102	104	106
其他	40	89	97
总计	1 559	1 728	1 783

（3）学生数量。通过表5.2可知，2015—2019年，接受中等教育的学生总数逐年增加，毛入学率也从38%增加到42.5%，这说明卢旺达新政府在中等教育上取得了较大成就，但净入学率从28.3%下降到24.5%，原因是部分初中生辍学或家庭困难等，影响了入学率。[1]

表5.2 2015—2019年卢旺达中学生情况

年份	2015	2016	2017	2018	2019
初中生人数	336 442	346 783	382 661	422 093	481 138
高中生人数	207 494	206 956	209 840	236 192	250 966
学生总人数	543 936	553 739	592 501	658 285	732 104
毛入学率	38.0%	37.2%	38.2%	39.6%	42.5%
净入学率	28.3%	32.9%	34.1%	30.1%	24.5%

[1] 数据来源于《2021年卢旺达统计年鉴》。

（4）升学情况。2011—2019年，卢旺达初中生参加升学考试人数从77 424人增加到114 424人，通过考试人数从64 214人增加到99 120人，考试通过率从82.9%增长到86.6%，详见表5.3。[1]这说明卢旺达的初中学生对中考越来越重视，希望接受更高一级的教育。

表5.3 2011—2019年卢旺达学生中考情况

年份	参加考试人数	通过考试人数	通过率
2011	77 424	64 214	82.9%
2012	80 592	68 328	84.8%
2013	93 740	80 227	85.6%
2014	86 464	74 855	86.6%
2015	84 678	73 897	87.3%
2016	89 396	79 198	88.6%
2017	96 628	86 837	89.9%
2018	98 492	81 998	83.3%
2019	114 424	99 120	86.6%

（5）中学课程。中考之前每个学生都需要考虑自己想要就读的学校类型。初中毕业生可以选择的学校有理科学校、文科学校、师范学校、职业学校和技术学校。卢旺达的普通高中为学生提供了丰富多样的选课组合。学生须在最后一年参加国家中等教育高水平考试，即高考，才能毕业；高中选课组合详见表5.4。没通过高考的学生可以选择重修，参加第二年的高考或者

---

[1] 数据来源于《2021年卢旺达统计年鉴》。

自考。高中任课老师必须是大学对应科目专业毕业。2013 年，卢旺达将高中教育纳入基础教育，正式实行 12 年免费基础教育。[1]

表 5.4 卢旺达高中课程选课组合 [2]

学科类别	选课组合
科学	数学、物理、地理
	物理、化学、数学
	物理、化学、生物
	生物、化学、地理
	数学、经济学、地理
	数学、计算机科学、经济学
	数学、物理、计算机科学
	数学、化学、生物
人文	历史、经济、地理
	历史、地理、英语文学
	历史、经济、英语文学
	地理、经济、英语文学
	宗教教育、历史、英语文学
	宗教教育、历史、地理
语言	英语、法语、卢旺达语、文学
	英语文学、斯瓦希里语、卢旺达语
	英语、斯瓦希里语、法语文学

---

[1] 陈如愿. 卢旺达民族国家建构过程中的教育两面性研究[D]. 金华：浙江师范大学，2021.
[2] 资料来源于《2021 年卢旺达统计年鉴》。

3. 教学语言

2009年以前，英语是小学四年级到大学的主要教学语言；而卢旺达语是小学前三年的教学语言，法语作为学科教授。[1]过度使用英语教学存在一定的弊端，如一定程度上会削弱母语的地位，雇佣英语教师以及相关培训会增加教育预算等。目前，卢旺达的两种官方语言卢旺达语和法语分别是小学和中学的教学语言。

（三）基础教育与高等教育的衔接

在卢旺达，能否进入大学取决于高考分数，一般情况下学理科专业分数要求比较低，师范、职业、技术类高中学生通过高考进入大学的比例很少。为保证各阶段学校录取工作的公平公正，卢旺达政府成立了国家考试委员会，每年统一进行国家考试，学生成绩是录取与否的衡量标准。卢旺达高考分数分级标准和评价详见表5.5。

表5.5 卢旺达高考分数分级情况

分数	级别	分级标准	分级标准范围	评价
100—85	A	11	11—10.5	极好
84—80	A-	10	10.4—9.5	极好
79—75	B+	9	9.4—8.5	优秀
74—70	B	8	8.4—7.5	优秀
69—65	B-	7	7.4—6.5	优秀
64—60	C+	6	6.4—5.5	良好
59—55	C	5	5.4—4.5	良好
54—50	C-	4	4.4—3.5	良好
49—40	D+、D、D-	3、2	3.4—1.5	及格

---

[1] FLORENCE M. 卢旺达的社会、经济和政治改革后种族灭绝[D]. 厦门：厦门大学，2017.

（四）基础教育信息化

1. 国家信息通信技术教育建设

卢旺达大力推动信息与通信技术在教育中的应用建设，目的是在教和学中加快采用信息通信技术（ICT）工具、向电子教育资源转变、采用自适应学习方式、创造自我可持续模式，让所有学校紧跟 4G 网络的步伐。卢旺达国家信息通信技术教育建设集中在 ICT 基础设施、课程内容、教师培训、资源建设四个方面，建立中学虚拟实验室、打造智慧教育网络、开发电子化测评平台是卢旺达信息通信技术教育建设的重点项目。除此之外，卢旺达面向小学实施"每个儿童一台笔记本电脑"政策，向 409 所小学发放了 20 多万台笔记本电脑。[1] 卢旺达为中学建设计算机实验室，要求每个学校至少引进 10 台电脑。2018 年，中等学校大约有 89 646 台台式电脑。[2]

2. 智能教室建设

卢旺达通过教育委员会建设智能教室，即为每位教师配备电脑，为每位学生创建数字 ID，通过信息和通信技术构建新型教学体系，使全国各地的学生受益。智能教室计划为期三年，卢旺达教育委员会在全国建设了 500 个智能教室并投入使用。据教育委员会统计，2018 年，能够进行互联网连接的学校比例为 52.9%[3]，在学校中使用计算机的学生人数正在增加，计算机素养正在成为中学越来越重要的技能。

---

[1] 鲁希巴纳，李丛. 卢旺达教育之路[J]. 中国投资，2018（2）：66-69.
[2] 数据来源于《2018 年卢旺达教育报告》。
[3] 数据来源于《2018 年卢旺达教育报告》。

3．基础教育信息化建设

卢旺达政府采取了各种措施，促进基础教育信息化建设。首先，开发数字课程。卢旺达教育部和主要合作伙伴开发了数字课程，并通过收音机和电视给中小学生播放。其次，卢旺达政府实施补习计划。一方面给学习进度较慢的学生补习，另一方面，为居家和辍学的学生提供学习材料等各种支持。补习时间一般在周末、课前或课后实施。最后，卢旺达教育部还在村一级开展了主题为"返校运动"[1]的教育活动。村领导、学校领导和青年志愿者（社区教育工作者）共同合作，挨家挨户开展宣传活动。

为实现基础教育信息化，卢旺达政府做出了如下承诺：（1）增加拥有互联网连接的小学、中学、技术教育培训机构的比例；（2）提高基础教育阶段的学生与计算机之比；（3）促进以信息通信技术为主导的教育，以有效提高学校的教学质量；（4）加强所有小学和中学的补习课程和健康学习，为有学习障碍的学生提供支持，并帮助失学儿童重新融入学校；（5）继续推进以残疾儿童和女童教育为重点的包容性教育；（6）实施"零校外"计划[2]。[3]

（五）国际教育合作交流

1．与中国的合作交流

中卢建交 50 多年来，中国在援建学校、设立奖学金、实施培训项目、捐赠教学设备等方面为卢旺达的教育事业发展做出了重大贡献。2021 年 12 月

---

[1] 活动的目的是确保所有儿童都能重返学校。
[2] 计划旨在保证每位学生都能享受到教育。
[3] 资料来源于联合国教育变革峰会网站。

17 日，中卢签署《智慧教育项目政府间框架协议》，推动卢旺达教育资源共享和教学方法创新。智慧教育项目将为卢旺达建设连接 63 个高等教育机构和 1 437 所中小学的教育专用网络，同时还将为这些学校建设校园网。项目建成后将提高卢旺达教育领域信息通信基础设施整体水平，为其实现数字化、信息化教学奠定坚实的基础。

2．与国际组织的合作交流

卢旺达是《世界人权宣言》《经济、社会和文化权利国际盟约》《儿童权利公约》的签署国。签署这些条约能够帮助卢旺达经济能力受限的小学生和中学生，确保他们可以受到包容、公平的优质教育，助力他们实现终身学习和健康发展的目标。

联合国儿童基金会和英国国际发展署是卢旺达教育方面的主要国际合作伙伴，经常与卢旺达教育部就战略规划进行讨论并协调各种捐助。英国国际发展署对卢旺达教育和发展的重点工作是持续扩大教育准入、保障女童教育和提升教育质量，其扶助标准规定了三个优先领域：课程、教师培训和家长选择，确保更多学生完成基础教育是其工作的重中之重。

第二节 基础教育的特点

一、普职融通，教育体系较完善

2008 年，卢旺达提出职教和普教融通的框架，构建以产业为导向的敏捷型职教，为建设知识型社会而服务。[1] 卢旺达一直在努力建设一个包容、普及的教育体系。一方面，职业教育是教育分流的产物。在基础教育阶段，卢旺达有三次教育分流，学生既能享有普通教育，也拥有接受职业技术教育和培训的机会。另一方面，在职教地位上，卢旺达认定普教和职教文凭等价，以学生为本，学生有自由选择学术教育或职业教育的权利，卢旺达政府也为职教和普教学生提供平等的财务支持。为进一步融通职教和普教，卢旺达教育部正在论证设立职教本科学位，以进一步提高职教地位，为社会提供更公平的教育。[2]

二、不断加大教育经费投入，重视普及免费教育

一是增加教育支出。2001年，卢旺达教育支出占GDP的5.5%，2009年卢旺达教育经费占政府年度总经费的29%。[3] 近年来，卢旺达在教育领域的投入在全国所有支出中排名第三。

二是不断拓宽教育经费来源，主要的方式有加强与私人机构的合作、鼓励社区参与国家教育建设以及寻求国际援助等。

三是加入全球小学普及运动。2021年12月，在多哈举行的世界教育创新峰会上，卢旺达、吉布提、桑给巴尔和冈比亚四国在讨论实现本国小学儿童"零失学战略"时提出，四国政府将与关注全球教育的教育至上基金会展开合作，确保初等教育的普及。据教育至上基金会称，"零失学战略"将重点关注弱势群体，例如家政工人子女、残疾儿童和难民儿童。

---

[1] 曹丽萍. 卢旺达职业教育发展现状、挑战与应对[J]. 职业教育研究，2018（7）：85-91.
[2] 朱墨池，吴维昕，陈海荣，等.《悉尼协议》视角下的卢旺达TVET政策浅析[J]. 职业教育研究，2020（3）：85-91.
[3] 林斌. 种族屠杀后卢旺达教育重建问题研究[D]. 金华：浙江师范大学，2011.

第三节 基础教育的挑战和对策

一、基础教育面临的挑战

在政府的努力下，卢旺达基础教育发展迅速并取得了较为丰硕的成果，但是在快速发展的同时也暴露出一些问题，这些问题在一定程度上制约了基础教育的可持续发展。

（一）教育公平问题

卢旺达基础教育的教育公平问题主要表现为两性教育不平等和区域教育不平等两方面。

1. 两性教育不平等

卢旺达尽管拥有较高的女童入学率，但根据卢旺达第四次人口及房屋普查（2012年）结果，有32%的女孩辍学早婚，她们中绝大部分不太可能真正上课和接受教育。[1] 在教育系统中，卢旺达缺乏对性别不平等的公开探讨或重视，这意味着文化中存在的一些普遍且根深蒂固的性别陈规观念仍然没有受到质疑或者得到根除，男女在教育上实现真正的公平仍需要一定的时间。

---

[1] 张栗. 教育和社会视角：挪威与卢旺达两性不平等问题比较[J]. 许昌学院学报，2022，41（1）：135-138.

2. 地域教育不平等

首先，城乡学校基础设施建设存在较大差距。这种差距在新冠肺炎疫情期间表现得尤为明显。疫情初期，卢旺达不同地区中学的线上教育水平表现得极度不平衡。卢旺达许多地方网络资源有限，特别是农村地区教学资源无法通过互联网传递，也没有电子设备可供使用。

其次，在学习进度上，卢旺达城市学生和农村学生存在不平衡。卢旺达正处于从贫困国家向中等收入国家过渡的阶段，许多基础设施不足以满足目前的需求，如小学教育阶段教科书供应仍然不足，并不是每个学生都有教科书。[1]

最后，城乡教师分布不均衡。目前卢旺达的教师更愿意到经济发达的城市工作，而不愿待在贫困的农村。因此，卢旺达的教师分布在区域上十分不均衡，发达地区优秀教师占比高达95%，而边远农村地区合格教师仅占25%左右。[2]

（二）师资队伍建设问题

卢旺达基础教育面临的首要问题就是教师数量的严重不足，生师比过高。1998年，学生与教师的比例为57∶1，2007年上升至74∶1。[3] 没有充足、优质的师资队伍会直接影响卢旺达基础教育的质量。

除此之外，卢旺达教师流失率较高。与其他行业相比，卢旺达教师的待遇偏低，每年大约有20%的教师离职，其中11%来自公立学校，约23%的离

---

[1] MILLIGAN L O, TIKLY L, WILLIAMS T, et al. Textbook availability and use in Rwandan basic education: a mixed-methods study[J]. International journal of educational development, 2017, 54: 22.

[2] World Bank. Country status report—Rwanda draft[R]. Washington: World Bank, 2002.

[3] 林斌. 种族屠杀后卢旺达教育重建问题研究[D]. 金华：浙江师范大学，2011.

任教师在第二年不能得到及时补充。[1] 过高的教师流失率不仅扰乱了学校正常的教学活动，也会影响其他教师的工作积极性，进而波及整个教师队伍的建设。

（三）学校基础设施建设问题

近年来，卢旺达一直不断提高学校基础设施建设水平，以保证教育过程中的安全性和质量，但仍然面临着两大挑战。一是在建筑设计方面缺乏专门人才，现有人员没有足够的专业能力来达到相应的建设标准和水平；二是在外部支持方面需要专门的部长级领导来协调各利益攸关方。领导需要进行持续的游说，协调各利益相关者并保持稳定，这在一定程度上影响了基础设施建设的进程和效率。

二、基础教育的发展对策

（一）持续推进种族团结教育

殖民地时期的卢旺达实行"分而治之"的政策，导致不同种族之间存在冲突和矛盾，为大屠杀埋下了祸根。尽管卢旺达新政府做出了大量努力，但仍然存在着一些不易解决的种族团结问题。因此，卢旺达政府利用教育尽可能地纠正民众潜在的、偏激的民族意识，宣传自由、平等、友好相处等观念，开设种族团结相关课程，采取各种措施弥补不同种族之间的嫌隙，建构包容性的国家与民族认同感。

---

[1] ANDREW Z. Teacher turnover in Rwanda[J]. Journal of African economies, 2021, 30(1): 22.

(二) 加强师资队伍的培养和培训

首先，提高教师准入门槛。一方面对任职教师的最低学历提出一定要求，保证教师有较高的教学水平；另一方面，对教师的思想品德也提出一定要求：尊重、关爱学生应是教师基本的行为规范。其次，加强在职教师的进修学习，拓展教师的职业生涯发展空间。最后，提升教师的待遇和社会地位，提升教师职业的吸引力。

(三) 积极寻求国际教育合作

与大部分非洲国家一样，卢旺达仍然受残留的殖民主义影响，教育发展之路漫长且艰难。因此，充分利用国际资源、加强国际教育交流和合作可以为卢旺达教育发展注入新的血液。卢旺达正在加强与其他国家合作办学的力度，改革学校外事审批政策，提升国际合作办学水平，同时加强与联合国教科文组织的交流，进行大刀阔斧的教育改革，优化教育结构。近些年，卢旺达致力于深化中非教育合作，两国在基础教育领域开展广泛而深入的交流和合作，为卢旺达实现基础教育的可持续发展提供了新的动力。

第六章 高等教育

第一节 高等教育的发展和现状

一、高等教育的历史发展

高等教育具有政治、经济、文化等方面的属性[1]，卢旺达高等教育发展也深受历史、经济、政治、文化的影响，其中政治因素是卢旺达高等教育发展的重要推动力。卢旺达高等教育的发展历史大致分为四个时期：前殖民时期、殖民时期、独立后时期、大屠杀后时期。

（一）前殖民时期（1884年以前）

前殖民时期，图西族创建了众多封建王国，17世纪，尼津亚王国脱颖而出，不断兼并和扩张，直至19世纪末现代卢旺达国家的疆域基本成型才告结束。[2]卢旺达的封建王国没有设立高等教育机构，主要从思想和军事上管理国家和统治臣民。

---

[1] 王洪才. 论高等教育的本质属性及其使命[J]. 高等教育研究，2014，35（6）：1-7.
[2] 蒋俊. 族群政治与卢旺达大屠杀：基于历史维度的考察[J]. 史学集刊，2020（6）：106-114.

（二）殖民时期（1884—1962年）

1884年，非洲分区柏林会议将卢旺达王国和其他东非国家划分给了德国，卢旺达殖民时代由此开始。德国探险家古斯塔夫·阿道夫·冯格岑成为第一个在非洲进行重大探险的欧洲人，他于1892年与卢旺达国王会面。德国人的到来并未给统治王国的封建结构带来改变，教育并不受重视，在卢旺达建立学校主要是教给当地人制作手工艺品的技术，以供欧洲雇主使用。这些学校虽然大部分由新教徒和天主教徒控制，但也有一定数量由政府直接管理。[1] 这一时期，德国人未在卢旺达建立任何高等教育机构，当然更不可能建立真正意义上的大学。19世纪末，德国将卢旺达王国的领土割让给了比利时。

比利时人进入卢旺达后，他们把控卢旺达现有的封建结构体系，以维持对王国的控制。此时的教育具有高度选择性，以种族和社会高层为基础，政治结构在族裔方面和经济实力方面都得到了强化。比利时人将卢旺达人明确划分为胡图族、图西族和特瓦族三个民族。图西族人被认为是非同寻常的非洲部落，可以帮助比利时人统治卢旺达人民。[2] 学者研究发现，教育机构是维持这一政治结构的重要手段，图西族儿童在学校里被培养成维护比利时殖民统治结构的领导者，其他族裔如胡图族和特瓦族的儿童没有上学的权利。[3]

殖民地时期的卢旺达有两个鲜明的特点：一是以族裔政治领导为基础，二是公民的教育水平较低。自1908年学校教育开展以来，建立现代化的学校教育体系一直是改革的主题，但实际上教育并没有发生实质性的改变。教育体系的选择性和面向"贸易行业"的特点十分突出，一方面使大多数人乐于在传统环境中"安居乐业"；另一方面对所谓的"卢旺达精英"进行培养和培

---

[1] PROTHERO G W. Tanganyika (German East Africa), handbooks prepared under the direction of the historical section of the Great Britain Foreign Office No. 62[M]. London: HM Stationery Office, 1920: 113.

[2] MAMDANI M. When victims become killers: colonialism, nativism, and the genocide in Rwanda[M]. Princeton, NJ: Princeton University Press, 2001: 357-366.

[3] PRUNIER G. The Rwanda crisis, 1959—1994: history of a genocide[M]. Kampala: Fountain Publishers, 1995.

训，提升其监控其他族群人口的能力。[1] 卢旺达和其他非洲地区引入西方正规教育后，传教士负责向非洲人提供教育。卢旺达第一所高校为尼亚基班达高级神学院，于 1936 年由罗马天主教会开设，专门训练卢旺达人担任教士。[2] 据 1997 年卢旺达教育部发布的报告，第一所高校主要教授哲学和神学，哲学为期两年，神学为期四年。在殖民时代，卢旺达没有建立其他高等教育机构，因此，任何对追求更高学历感兴趣的卢旺达人必须到比利时或其欧洲邻国的大学学习。这一时期，无论是教会还是政府，几乎都没有管理学校。殖民者认为，像其他许多非洲国家一样，包括卢旺达在内的东非国家是不可教育的。[3]

（三）独立后时期（1962—1994 年）

1962 年 7 月 1 日，卢旺达共和国成立。此后，新政府试图建立包括高等教育在内的教育体系。1962 年 10 月，卢旺达政府颁布了由教育专家编写的第一个教育规划报告。该报告介绍了六个主要原则和任务，包括：当前卢旺达共和国经济发展和社会状况审视，教育总体结构、运作、经费及其与国家经济发展关系考量，根据经济和社会需求制定可能的若干目标和教育发展规划，确立达成目标的方法并明确经费来源，建立学校规划实施和研究办公室并建立长期制度，确立规划实施的工具和应用以及如何应对实施过程中可能出现的变化。[4]

1963 年 9 月，由皮埃尔·拉姆西耶、路易斯·德沃德、沃洛·赫特马赫和塞尔吉·萨尔维四位专家共同撰写的第二个教育规划报告发布。这一报告

---

[1] 前进. 20 世纪以来卢旺达政治变迁对高等教育的影响研究[D]. 贵阳：贵州师范大学，2020.
[2] 资料来源于伦敦大学学院官网。
[3] 前进. 20 世纪以来卢旺达政治变迁对高等教育的影响研究[D]. 贵阳：贵州师范大学，2020.
[4] 前进. 20 世纪以来卢旺达政治变迁对高等教育的影响研究[D]. 贵阳：贵州师范大学，2020.

的核心是确定并改善卢旺达大学的地位、经费筹措、组织协调，审视大学培养方案以及新成立大学的状况。[1] 1963年3月，卢旺达与加拿大多米尼加神哲学院合作成立卢旺达第一所国立大学——卢旺达国立大学。[2] 卢旺达政府与多米尼加神哲学院签署了50年协议，内容包括卢旺达国立大学基础设施建设、融资方式和指导等，协议到期可以续签；无论是否有卢旺达政府资助，加拿大多米尼加神哲学院都要管理并经营新成立的国立大学。

卢旺达国立大学于1963年正式招生，当年有51名学生和16名教师，成立之初建有医学院、社会科学学院和师范学院三个学院。卢旺达国立大学进行了多次教育教学改革，教育规模不断扩大。1963年，联合国教科文组织发布了《卢旺达教育规划报告》，其中确定了卢旺达国立大学的优先发展学科，如传统医学、师范教育和应用科学。1964年5月，卢旺达国立大学在"扩招"计划下建立了法学院。1966年，卢旺达政府和联合国教科文组织签署合作协议并建立卢旺达国立教育学院，即基加利教育学院，旨在培养培训和提升小学、初中、高中教师的教学技能，并实施多学科的教学法和进行科学研究，使大学功能和新生使命不断向社会服务扩展。为了强化和拓展大学的社会责任，1967年，"大学推广统一体"成立。1991年，卢旺达国立大学有3 860名在读学生和525名教师。[3]

联合国教科文组织于1961年5月在亚的斯亚贝巴召开了《非洲发展教育会议》，会议强调非洲国家必须发展教育，号召到1980年所有非洲国家必须普及小学教育，并为高等教育部门提供咨询和教育培训。1966年，《经济、社会、文化权利国际公约》颁布，承认卢旺达和其他非洲国家私有化的存在。

20世纪70—80年代，在内因和外因推动下，高等教育在卢旺达各地迅速发展。大学入学率迅速提升。学生数量迅速增加，然而国家无法承担高等

---

[1] 前进. 20世纪以来卢旺达政治变迁对高等教育的影响研究[D]. 贵阳：贵州师范大学，2020.

[2] 林斌. 种族屠杀后卢旺达教育重建问题研究[D]. 金华：浙江师范大学，2012.

[3] 中国社会科学院西亚非洲研究所. 卢旺达[EB/OL].（2009-06-01）[2023-12-15]. http://iwaas.cass.cn/xszy/fz/201508/t20150818_2614460.shtml.

教育的全部教育费用。在这种情况下，卢旺达私立学校发挥了巨大的作用，使卢旺达大学办学规模不断扩大。1972 年，卢旺达医学院成立了药典和传统医学研究中心，并于 1980 年成为自治机构。1973 年 5 月，卢旺达国立大学与根特应用科学学院合作成立研究中心，专门制定了机电工程前期项目计划和针对建筑业土木工程师的渐进式培训计划。1981 年 10 月，卢旺达国立教育学院成立，成为跨两个校区的国立大学，一个位于卢旺达北部的卢恩格里，另一个位于卢旺达南部的布特里。此后不久，卢旺达国立大学法学院搬迁到首都基加利的姆布拉布图罗。1988 年 11 月，卢旺达国立大学和康拉德基金会合作成立公共行政学院。

（四）大屠杀后时期（1994 年至今）

自 1994 年以来，卢旺达的高等教育实施新的结构和规范，开始跨入一个新时期。高等教育机构数量迅速增加，高校数量从 1977 年的 4 所（卢旺达国立大学、国立教育学院、尼亚基班达高级神学院和高级军事学院）[1] 增加到 2018 年的 3 所公立高校和 37 所私立高校[2]。此外，各高校不断与世界一流大学建立合作伙伴关系。以卢旺达大学[3] 为例，据 2019 年卢旺达大学报告——《我们希望向卢旺达大学迈进：卢旺达大学关于 2018—2023 年科研能力发展和机构发展的概念说明》[4]，其核心目标是将卢旺达大学建成非洲乃至世界研究型大学。目前，哈佛大学、柏林洪堡大学、弗吉尼亚大学、哥伦比亚大学、约翰斯·霍普金斯大学、阿姆斯特丹大学和哥德堡大学等多所世界名校与卢旺达大学建立了合作关系。

---

[1] 资料来源于联合国教科文组织官网。
[2] 数据来源于《2018 年卢旺达教育统计报告》。
[3] 卢旺达大学成立于 2013 年，由包括卢旺达国立大学在内的 7 个高等教育机构合并而成。
[4] 资料来源于卢旺达大学官网。

二、高等教育的现状

（一）高等教育的概况

卢旺达公立高等院校的数量很少，但是招生人数占总数的43%。特别需要指出的是，公立高校中的卢旺达大学和卢旺达理工学院都是大型多校区机构，其中卢旺达大学是全国最大、最杰出的多学科研究型大学，拥有14个校园和26 345名学生。

1. 学校规模

2018年，卢旺达高等教育院校有40所，其中私立37所，公立3所，私立院校占绝大部分（详情见表6.1）。2018年，卢旺达高等教育院校总数从2017年的54所缩减到40所，究其背后的原因是8所公立职业技术教育机构合并为一所公立机构，即卢旺达理工学院。[1]私立院校的优势主要有二：一是学费较公立院校低。近年来，公立院校的学费几乎是私立院校的两倍，令那些既没有接受国家资助也没有学费补贴的学生望而却步。二是私立院校能够根据高等教育的发展要求制定适当的标准，以确保学习质量。

表6.1 2016—2018年卢旺达高等教育院校数量

单位：所

年份	2016	2017	2018
公立院校	10	10	3
私立院校	35	44	37
总计	45	54	40

---

[1] 资料来源于《2018年卢旺达教育报告》。

2．招生情况

卢旺达高等教育招生分为普通高等教育招生和高等职业教育招生两大类，2016—2019年，卢旺达高等教育招生总数从90 803人缩减到86 206人（详情见表6.2），其中2017—2018学年，普通高等教育入学人数减少了6.2%，原因之一是一部分大学未能通过外部审计，不得不关闭。[1]

表6.2 2016—2019年卢旺达高等教育招生人数

单位：人

年份	2016	2017	2018	2019
普通高等教育	81 813	80 773	75 713	72 128
高等职业教育	8 990	10 420	13 447	14 078
总计	90 803	91 193	89 160	86 206

3．男女生入学情况

卢旺达高等教育部门一直在不断尝试和努力动员女性接受高等教育，但成效甚微。在卢旺达高等教育机构中，女性的入学率相对较低，男性在高等教育院校入学率中占主导地位（参见表6.3）。[2]

表6.3 2017—2019年卢旺达男女生入学情况

年份	2017	2018	2019
男生人数	49 908	51 119	49 090
男生比例	54.7%	57.3%	56.9%

---

[1] 资料来源于《2021年卢旺达统计年鉴》。
[2] 资料来源于《2021年卢旺达统计年鉴》。

续表

年份	2017	2018	2019
女生人数	41 285	38 041	37 116
女生比例	45.3%	42.7%	43.1%
总人数	91 193	89 160	86 206

4．师资队伍情况

卢旺达高等教育师资队伍主要有行政岗位和教学岗位两种。2017—2018年，卢旺达高等院校教师数量增加，公立院校教师与私立院校教师之间的人数差距逐步变小，从相差355人到相差73人（详情见表6.4）。[1]

表6.4 2017—2018年卢旺达高等院校教师队伍情况

单位：人

学校类型	岗位	2017年	2018年
公立院校	行政人员	981	1 065
	教学人员	1 977	2 066
私立院校	行政人员	1 196	1 184
	教学人员	2 117	2 020
总计		6 271	6 335

（二）高等教育招生制度

招生制度往往因每个国家的经济、政治、文化和传统而各异。吸引和录

---

[1] 数据来源于《2018年卢旺达教育报告》。

取优秀学生的能力对高等教育机构很重要，而完善的招生制度可以最大限度地发挥高等学校的资源效益，扩大招生规模，更好地迎接社会的各种挑战。卢旺达公立大学录取竞争激烈，师生压力都很大，高考成绩是公立大学录取的决定因素。卢旺达私立大学自主设置入学考试，要求考生高中毕业，且负担得起教育费用，因此一些学生愿意根据家庭经济背景选择自己喜欢的私立院校。私立院校在招生方面具有多种优势，如教育成本往往低于公立机构。尽管私立院校数量在不断增加，入学要求也低于公立大学，但卢旺达公立大学录取的学生比例仍比私立大学要高。

（三）高等教育经费制度改革

高等教育经费制度改革已成为发达国家和发展中国家政策讨论的焦点，教育经费决定了高等教育的可负担性、可获得性和整体发展水平，理应获得足够重视。公共教育经费在高等教育支出中的比例降低是一个国际趋势。政府在降低高等教育预算后，各高等教育机构必须寻找新的资金渠道来应对。澳大利亚、奥地利、巴西、中国、匈牙利、肯尼亚、新西兰、坦桑尼亚、英国等国家都推出了学费制，鼓励家长为孩子的教育承担更多成本。除了瑞典、芬兰等少数几个不允许高等教育收费的国家外，学费制度普遍存在。

卢旺达的公立大学和私立大学均获得政府机构认可，恪守国家高等教育的使命，但二者差异明显，如所有权和收入来源有所不同。私立机构主要依赖学费，而公立机构主要依靠政府拨款。在卢旺达，很少有学生接受收费课程，少数人能接受支付一半或全额费用进入高等教育机构学习。

为满足高等教育发展需要，卢旺达政府启动了高等教育资助体制改革。近年来，卢旺达制定了学费制度，通过成本分担来维持高等教育的可持续发展。但是收费政策不仅增加了学生家庭的经济压力，在某种程度上也降低了学生接受高等教育的机会，对教学质量也有不同程度影响，这迫使政府在全国范围内灵活推广开放式在线课程系统，以经济有效的方式重新扩大接受高等教育的机会。卢旺达高等教育改革的目的有三：一是将精英教育转变为普及教育，十二年普及教育的计划扩大了受教育人口规模，政府希望所有年轻人都能接受高等教育或高等职业技术教育，以促进国家经济发展，提高公民生活质量；二是提高公民问责水平，希望每个人都在国家建设中发挥积极作用；三是通过私营部门在高等教育中的合法参与和合作来促进高等教育的发展，承认其营利性，允许高校通过学费或其他资金来保证正常运行，学生承担自己的全部教育支出。

（四）高等教育毕业与就业

1. 毕业生人数

《2022年卢旺达教育统计报告》显示，卢旺达高等院校毕业生从2016年的23 635人减少到2020年的23 355人，毕业生人数总体起伏不大，但私立高等院校毕业生人数有所增加，增长速度高于公立高等院校（详见表6.5）。[1]

表6.5　2016—2020年卢旺达高等院校毕业生人数

单位：人

年份	2016	2017	2018	2019	2020
公立院校	10 720	11 140	9 060	12 136	9 333
私立院校	12 915	11 960	11 473	11 110	14 022
总计	23 635	23 100	20 533	23 246	23 355

---

[1] 数据来源于《2022年卢旺达教育统计报告》。

2. 就业情况

卢旺达高等院校毕业生中，66.4%毕业于经济、教育、艺术及应用社会科学等专业，导致这些行业呈现出人员过度饱和的现象，而在医学、信息通信技术和工程等领域存在严重的人才缺口。如果学生要想继续在目前过度饱和的就业市场下就业，就必须具备一些必要的能力，如承担风险的能力、创造力和创业技能，以创办自己的私营企业。然而，毕业生对这些技能的评价相对较低，而且正如他们在采访中透露的那样，对大多数毕业生来说，在没有抵押物担保的情况下获得资金相对困难。[1]

（五）高等教育的科学研究

大屠杀后，由于科研设备的毁坏和科研人员的流失，卢旺达的科研工作彻底崩溃。战后只有农艺科学研究所和科学与工艺研究所恢复了科研工作。农艺科学研究所正式恢复对大牲畜的研究，希望通过增加奶牛优良品种的数量来扩大牛奶生产。1998年4月30日，在联合国开发计划署和德国技术协会的援助下，基加利科技管理学院正式成立，旨在为卢旺达参与非洲科技竞争和参加未来世界科技大会做出努力。目前，卢旺达正在大力促进信息和通信技术的发展。2003年，卢旺达建立了创新与技术转化中心，以提供信息与通信技术培训。

由于科研条件非常落后，卢旺达的科学研究工作进行得很少。科研工作大多在大学进行，科研成果十分匮乏。卢旺达大部分高等教育机构通过提高薪资互相挖人，或是高度依赖借调的教师，师资校际流动十分频繁，导致部分教师变成了"学术商贩"，没有足够的时间和精力来进行学术研究。卢旺达高等教育机构的教师学历相对偏低，在拥有博士学位的教师中，75%以上都

---

[1] 资料来源于《卢旺达高等院校毕业生追踪报告》。

是外籍人士，且他们当中的绝大多数人不了解这个国家的经济、文化和政治背景。

（六）高等教育国际化

1. 高等教育国际化概况

近年来，卢旺达高等教育的国际化取得了一定的成功，但仍然有很长的路要走。卢旺达大学自建校以来，大部分教师来自国外，在比利时、法国、美国、英国等国开设留学项目，不断为高等教育国际化而奋斗。目前，英语已成为卢旺达大学的教学语言，学者和学生在国际学术交流沟通方面毫无困难。卢旺达高等教育对外开放，最重要的是向其他国家学习，借鉴其他国家的先进经验。卢旺达高等教育国际化进程大体分为三步：第一步是加入东非共同体；第二步是加入博洛尼亚进程，对标欧盟高等教育实现高等教育学分互认和转换；第三步是实现大学合并，促进高等教育机构及其利益相关者之间资源共享，逐步取消各种不相关的项目，降低高等教育机构经费预算。目前卢旺达高等教育国际化已进入到第三个阶段。

卢旺达高等教育体系与西方相似，因此亟待建立具有本国特色的教育体系。通常情况下"硬"学科（自然科学）比"软"学科（人文和社会科学）更容易达到国际化水平。卢旺达对"硬"学科的发展重视程度高，而人文和社会科学在国际项目中代表性不高。得益于信息技术的发展和普及，目前卢旺达开放的远程学习体系让那些没有接受正规高等教育的人不受时间和空间的限制就可以获取各种学习资源，获得了接受高等教育的机会，同时卢旺达的正规大学生也可以通过互联网学习国外课程。

2．中卢高等教育合作

重庆师范大学与基加利教育学院于 2008 年启动孔子学院项目。2009 年 6 月 26 日，卢旺达国立大学孔子学院正式揭牌，这是卢旺达第一所也是迄今为止唯一的一所孔子学院。[1] 卢旺达大学成立后，原基加利教育学院将作为卢旺达大学教育学院，继续在其擅长的教育科学领域发展。对孔子学院而言，合作协议方也由基加利教育学院转为卢旺达大学。目前孔子学院的辐射面迅速扩大，从原来的基加利教育学院和科技大学两个教学点，扩大到卢旺达大学下属的十多个学院，学生数量增加了 10 倍以上，与各个学院开展汉语教学工作和文化推广活动也更为便利和高效。原来的部分学员由于专业调整原因，将会分散到卢旺达大学各个学院，通过他们的宣传，将带动整个卢旺达大学的学生学习汉语的热情。这些改变将使卢旺达大学孔子学院能够更大范围地覆盖卢旺达，更大范围地扩大中文和中国文化的推广，大大提升中文和中国文化对卢旺达的影响。[2]

第二节 高等教育的特点和经验

一、高等教育的特点

（一）私立高等教育机构蓬勃发展

目前，卢旺达私立高等教育机构多于公立高等教育机构，公立大学现有

---

[1] 曾广煜. 卢旺达大学孔子学院的内涵发展之路[J]. 中国投资（中英文），2022（Z2）：78-80.
[2] 重庆师范大学孔子学院喜迎卢旺达公立大学合并[EB/OL].（2013-11-14）[2023-06-29]. https://news.cqnu.edu.cn/info/1003/1655.htm.

3所，私立大学37所，私立大学在数量上占据绝对优势。

卢旺达私立大学兴起的主要原因是积极的教育政策、庞大的社会需求以及中等教育的发展。第一，2007年6月，卢旺达高等教育委员会出台了《经营私立高等教育机构的实践准则》，鼓励兴办私立高等教育。该实践准则对私立高等教育机构的注册、经营许可、经费，以及各利益相关者权利和义务等方面提出了具体要求，以保护学生和其他利益相关者获得可靠信息，免受不实信息的干扰，确保学生和其他利益相关方对高等教育质量充满信心，促使他们做出明智决策。此外，私立高等教育机构的设立须由高等教育委员会提议并经教育部部长批准。第二，以信息技术为依托的知识经济兴起，市场需求更多的接受过高等教育并训练有素的专业人员，这些都对高等教育提出了新要求。公立高等教育在应对市场新需求，满足企业对员工新知识、新技能的要求方面动作迟缓，限制了社会经济的发展和企业的顺利转型。而私立高等教育以就业为导向、适应市场需求的办学宗旨很受市场与企业的欢迎。知识经济时代，越来越多的人想通过高等教育获得更多知识，从而实现阶层流动。人们对高等教育的需求日益加大，但是公立高等教育由于受财政预算制约发展缓慢，而私立高等教育由于办学主体的多元化和办学经费的多样化获得了巨大的发展契机。第三，1994年后，卢旺达爱国阵线领导的政府大力振兴教育，同时一些国际组织（如世界银行等）对卢旺达基础教育给予了一定扶持，使卢旺达基础教育获得了很大发展。2009—2019年，卢旺达高等教育招生人数逐年上升，高等教育社会需求的日益增长使卢旺达公立高等教育倍感压力，大批不能进入公立大学但又渴望接受高等教育的学生给私立大学的发展带来了巨大空间。

卢旺达私立高等教育总体来看起步晚、规模小、经费来源复杂。首先，大多数私立高等教育机构一般是在2000—2021年建立，历时短，发展不是很成熟。而且，私立高等教育相关法律法规不健全，缺乏相关政策保障，私立学校与公立学校相比存在被边缘化倾向。其次，卢旺达私立高等教育总体规模小，投资少，课程和专业设置单一。最后，私立高等教育经费来源复杂，有学费、捐助以及宗教组织拨款等多种形式。多样化的经费来源有助于私立高等教育的发展，但同时也带来了机构管理上的权责不明。

私立高等教育在丰富办学形式、增加高等教育入学机会、促进高等教育发展、提升公民素质、增加毕业生就业率、振兴经济以及促进社会发展方面发挥了一定的作用。[1] 然而，为满足社会对高等教育的需求和缓解公立高等教育压力而迅速审批建立私立高等院校的做法，导致了高等教育质量严重的参差不齐。私立高等教育机构的建立尽管有审批制度，但审批程序形式主义严重，难以保证办学资质，同时一些私立高校属临时兴建，基础设施不完善，师资力量极其匮乏，办学经验严重不足，且过度商业化和追求经济利益，难以保证教育质量，对高等教育的长远发展不利。

（二）教育语言族群政治化特征明显

卢旺达教育语言族群政治化特征很明显。1994年前，法语是卢旺达的教学语言，而1994年后，卢旺达新政府实行多语政策，即在卢旺达语、法语之外，还将英语作为第三种官方语言，从小学四年级起，所有年级都必须将英语作为唯一的教学语言，而法语则成为一门不需考试的选修课。[2] 大屠杀前胡图族学生英语水平并不高，流浪在英语国家的图西族学生有着较强的英语语言能力，这就导致了本土胡图族学生和流散在外的图西族学生之间事实上的教育隔离。卢旺达的现行语言政策实际上将教学语言作为新的身份标签，使卢旺达民众重新陷入"使用法语的我者"及"使用英语的他者"这一二元对立关系中。同时，这一语言政策也可能将语言与权力及族群关系结合起来，

---

[1] 甘杰. 谨慎的乐观——非洲私立高等教育的动因、类型与特点[J]. 世界教育信息，2018（12）：70.
[2] 陈如愿. 卢旺达民族国家建构过程中的教育两面性研究[D]. 金华：浙江师范大学，2021.

进而再次产生"英语使用者比法语使用者高贵"的刻板印象。[1]

二、高等教育的发展经验

（一）利用信息技术开展混合式学习

1994年之后，卢旺达进行了自我重建，重视高等教育，重建专业，推动经济向前发展，吸引外来投资，维护国内经济社会秩序。经济稳定和经济扩张急需高素质人才，如教师、律师、医生等各行各业的人才。自2006年以来，卢旺达高等教育发生了翻天覆地的变化，但卢旺达的教育资源有限，且缺乏宜于学生自主学习的学习资源，如教学楼、图书馆、学习平台、软件、互联网等。为了改变网络连接不可靠且地理覆盖范围有限的现实状况，卢旺达引入开放式学习框架。开放式学习是一种前景广阔的学习方式，有力地促进了卢旺达等发展中国家的高等教育发展。

首先，卢旺达大学采用了Moodle[2]作为资源为学生自主学习提供便利。Moodle由澳大利亚马丁·道济马斯博士于2002年开发。该网络教学平台遵循社会建构主义学习理论，强调教师、学生是平等的主体，应该在教学活动中相互协作、相互交流，并基于自己已有的经验共同建构知识。就软件本身的性质而言，Moodle平台属于开源软件，可提供源代码供教师进行二次开发及利用，并且采用社区开发模式，社区成员内部可以互相贡献代码以及提供成员内部所需的课程模块。就操作性能而言，Moodle平台内置数以万计的教学模块，管理者拥有较高的自由度，可以根据自己的需求进行自定义操作并自由删减。学生和管理者突破了时空的局限，可以不依赖传统的与教师面对

---

[1] 陈如愿. 卢旺达民族国家建构过程中的教育两面性研究[D]. 金华：浙江师范大学，2021.

[2] Moodle（Module Object-Oriented Dynamic Learning Environment 的首字母缩写），意为"以学习对象为导向的动态学习环境模块"。

面的互动而随时随地登录该平台。卢旺达大学采取措施确保每个学生都可以登录一台小型计算机,学生的光盘存储器或硬盘上的资料也可以在未连接网络的情况下使用,日常学习很方便。当然,线上电子资源只是辅助学生学习的一种手段,目的是为学生独立自主学习提供便利。

其次,卢旺达大学还为上班族或白天不能参加学习的人提供晚间课程,开放式学习方式很好地满足了这些人的需求,让他们在下班之余获得充分的学习资源。

再次,卢旺达大学将电子学习资源延伸到偏远地区,以满足更多人的学习需要,通过开放式学习方式让偏远地区的学生获得教育机会。Moodle 为学生提供自学材料,如带有学习指南的原始材料,辅以有限的面对面学习、大量的学生小组作业和校园内的学术咨询。同时该系统为学生提供系列衔接课程,帮助他们将知识和技能提升到更高的水平。

最后,也是最重要的,卢旺达迫切希望提高接受高等教育的人群的比例,使卢旺达至少在水平不是很高的东非国家占据优势。仅靠传统手段,卢旺达没有充足的资源来实现这一目标,因为基础设施(如教室、宿舍、教学设备)即使可以扩大到现有规模的两倍,也没有办法将师资队伍规模扩大一倍。卢旺达的高等教育发展相对较晚,加之种族灭绝损失和驱逐了一些毕业生,因此没有足够的毕业生来为普遍扩张的传统高等教育部门提供工作人员,也没有充足的财政资源雇佣外籍教师从教。在这种情况下,卢旺达必须找到一种方法来培养年轻人,这些人的水平的提高将有助于提高教育质量。而开放式学习就是一个比较好的解决办法。目前,卢旺达大学的开放式学习已步入日常教学进程,这一方式在大学教育教学中的作用日益凸显。它不仅是针对特定学生的"远程"教育课程,也是一种经济、实用的设计系统,能够在资源有限的情况下,随时捕捉 21 世纪的教学法变化,并且不会影响大学的整体教育质量和教学水平。

开放式学习依托于混合学习系统,可以提供多学科学位,并为那些在适当的年龄错过或辍学的人提供接受高等教育的机会。该系统虽然尚处于起步阶段，但很有希望解决卢旺达的一些高等教育问题。

（二）立足于本国国情改革高等教育

自1994年以来，爱国阵线领导的卢旺达政府致力于高等教育的发展，不断采取措施改革高等教育，提升高等教育质量。

高等教育改革的主要目标是使教育本土化，使教育为农村发展服务，使广大青年掌握一定的生产劳动技能以便更好地就业，同时向国家输送经济建设急需的中高级人才和领导干部。教育改革措施虽然取得了一定的成绩，但由于经费不足、必要设备缺乏以及高水平师资力量的不足，实现教改目标任务尚有许多困难，但卢旺达政府和人民已下定决心为实现教改目标做出最大努力。[1]

卢旺达高等教育改革效果明显。公立高校数量从1977年的4所（卢旺达国立大学、国立教育学院、尼亚基班达高级神学院以及高级军事学院）增加到2018年的10所。[2] 2013年9月，7所大学合并为一所大学——卢旺达大学，在全国有10个校区。卢旺达大学的愿景定位在国家、东非共同体以及全球三个层面。卢旺达学者和教育部人士认为，合并后的最大好处是使其在全球范围内具有一定竞争力。此外，合并有助于大学打破自身区域身份壁垒，引入自由竞争机制，改善教学、科研和公共服务，避免有限教育资源的浪费。

卢旺达高校合并是高等教育管理的一项重大实践。合并后的卢旺达大学院系设置更加齐全，有效整合了各个学院资源，形成卢旺达高等教育的金字招牌，使卢旺达高等教育更具卢旺达特色。卢旺达大学作为一个招牌引领了卢旺达的高等教育发展，并不断扩大其在东非、整个非洲乃至世界高等教育领域的影响力。

---

[1] 颂文. 卢旺达的教育改革[J]. 比较教育研究，1982（3）：53-54.
[2] 数据来源于《2018年卢旺达教育统计报告》。

（三）依托全球化寻求国际支持

卢旺达的大学不断加强与世界一流大学的合作伙伴关系。以卢旺达大学为例，据2019年卢旺达大学的报告，有15所大学，包括哈佛大学、柏林洪堡大学、弗吉尼亚大学、哥伦比亚大学、约翰斯·霍普金斯大学、阿姆斯特丹大学和哥德堡大学等国际一流大学成为卢旺达大学的主要合作伙伴。[1] 根据卢旺达大学报告——《我们希望向卢旺达大学迈进：卢旺达大学关于2018—2023年科研能力发展和机构发展的概念说明》，卢旺达大学的核心目标是将学校建设成为非洲乃至世界研究型大学。卢旺达与国外教育机构积极开展交流与合作，美国、加拿大、中国、瑞典、德国和其他许多国家已经启动了多个改造卢旺达大学的计划（如卢旺达大学-瑞典计划等）。

卢旺达除与世界一流大学开展合作之外，也积极寻求一些国际组织的援助。联合国教科文组织大力支持卢旺达提高高等教育质量，增加高等教育投入，协助卢旺达高等教育发展。联合国教科文组织定期组织会议促使卢旺达明晰自己所面对的挑战，并提出积极有效的对策。卢旺达与其他非洲国家在联合国教科文组织的推动下签署了《阿鲁沙公约》。该公约是目前非洲大陆各国在不同高等教育体制下，实现高等教育资格互认的主要框架标准，旨在促进非洲大陆高等教育合作远景的实现，提高非洲国家高等教育师生流动的效率和效果，提高高等教育质量。该公约涉及对科学研究的学术性认证和专业性认证。其中学术性认证包括三类资格：提供高等教育的资格、承认部分科学研究的资格和整个高等教育阶段的资格。由于缔约国学术资源有限，无法确保高等教育的质量，2014年，《阿鲁沙公约》的修订版——《亚的斯亚贝巴公约》发布，对全球化和国际化进程中高等教育的一些趋势如终身学习、跨境学习以及开放与远程学习等做出了定义。公约促进了卢旺达为保证高等教育资格和水平，履行承诺并关注自身高等教育的质量，并逐步加强质量保障建设。

---

[1] 资料来源于卢旺达大学官网。

除此之外，东非共同体、世界银行对卢旺达高等教育也有一定的援助，中国也在卢旺达设立了孔子学院，中国国内很多高校也都招收来自卢旺达的来华留学生。

第三节 高等教育的挑战和对策

一、高等教育面临的挑战

（一）教育资源欠缺无法保障基本教学活动

1. 基础设施不完善

随着卢旺达高等教育进程持续加快和教育规模日益扩张，高等教育入学人数迅速增长，原本基础设施和教学资源就不充足的高校，面临着更为严峻的承载力和质量保障的挑战，高校扩招超过了现有教育资源和办学条件的承载力。

高等教育办学需要一些关键要素，如教学人员与行政管理人员，教材、期刊等学习资料，图书馆、数据库、实验室、教室等教学与扩展学习的场所，水电资源、计算机、多媒体教学设备等辅助教学资源等。卢旺达高校中普遍存在基础设施不完备的情况。2009 年，卢旺达高校招生总人数约 55 000 人，2018 年招生总人数为 86 160 人，入学人数的激增需要更充足的基础设施和资源来保障教学活动。[1]

---

[1] 数据来源于《2018 年卢旺达教育统计报告》。

2．师资短缺且水平不高

当前，撒哈拉以南非洲广大地区的高校生师比仍远远高于 50∶1，教师培养速度远远低于高等教育的扩张速度。与此同时，虽然卢旺达部分大学成功实现了向研究型大学的转型，高学历教师的比例在不断提高，但绝大多数高校教师的资格水平仍普遍不高，教师仍以本科层次为主。以卢旺达最好的大学卢旺达大学为例，2019—2020 学年教学人员的情况显示，助理讲师占 45%，高级讲师、教授仅占 13%；拥有博士学位的员工人数占比从 2013 年的 18% 增加到 2020 年的 26%。[1] 与非洲其他国家相比，卢旺达大学拥有博士学位的教师人数仍然偏少，以 2014 年为例，开普敦大学、博茨瓦纳大学、达累斯萨拉姆大学、蒙德拉内大学、加纳大学、马克雷雷大学、毛里求斯大学和内罗毕大学等 8 所非洲旗舰大学，其终身教师中有博士学位的比例平均为 43%。[2] 即使是普通大学教师在卢旺达也很欠缺，大学一个课堂上坐着 500 名甚至 800 名学生是很普遍的现象。

高校教师数量短缺和资格水平不足的现状亟待加强高等教师的教育与培训工作。与各种各样的中小学教师培训课程和国外援助计划相比，卢旺达高校教师教育与培训市场迫切需要开发。高素质的合格教师队伍是保障高等教育质量的重要因素，也是推动制定非洲高等教育质量保障标准区域一体化的重要依据。

（二）学生质量拉低了办学效益

几十年来，卢旺达在国际组织和其他国家的帮助下，在促进实现千年目标上取得了一定的进展。中等教育入学人数与毕业人数迅速增加，高等教育

---

[1] 资料来源于卢旺达大学官网。

[2] BUNTING I, CLOETE N, VAN SCHALKWYK F. An empirical overview of emerging research universities in Africa 2001—2015[R]. Centre of Higher Education Trust, 2017: 48.

的生源素质得到极大的提高。2022年,卢旺达高校招生总人数为82 470人[1],不断增加的高中毕业生其实在高等教育入学考试中的表现良莠不齐,在一定程度上造成高等教育生源整体质量的迅速下降。

卢旺达公立大学的入学考试是高考。研究发现,一方面,公立大学入学竞争激烈,给教师教学和学生学习带来很大压力;另一方面,私立大学可以自行设置入学考试,候选人只要具有高中文凭,并且能够负担私立大学的学费即可入学。[2]据私立学校的学生反映,私立学校的教育成本普遍低于公立学校,且入学条件要比公立大学低,在入学方面具有诸多优势,学生会根据自己家庭经济状况和兴趣选择喜欢的私立学校。但正是由于私立大学入学门槛低,从生源上决定了高等教育起步阶段的质量并不高,也在一定程度上加大了教学管理工作的难度。

另外,由于种族、性别、城乡、经济、基础设施与水平多方面存在差距,卢旺达在发展教育过程中一直强调促进公平与平等。为实现这一目标,政府出台了相关补偿政策或优惠措施,虽然在一定程度上促进了教育公平与平等,却也在现有生源基础上进一步拉低了入学标准,降低了教育质量。

多重因素造成的高等教育生源质量不高,近几年更有明显下降的趋势,这在一定程度上决定了卢旺达高等教育人才输出质量不高。因此,在就业市场领域对高等教育质量要求不断提高的背景下,加强高等教育质量的保障势在必行。

(三)毕业生就业竞争压力剧增

卢旺达高等教育的招生一直以来以人文社会科学领域为主,仅有不到25%的学生选择科学、技术、工程和数学学科就读,10%—20%的学生就读于

---

[1] 数据来源于《2022年卢旺达教育统计报告》。

[2] TWAGIRUMUGABE T, SAGUTI F, HABARUREMA S, et al. Hepatitis A and E virus infections have different epidemiological patterns in Rwanda[J]. International journal of infectious diseases, 2019, 86: 12-14.

自然科学与工程专业。这种学生学科和专业分布不均衡的现象，恰恰与卢旺达经济社会发展对劳动力的需求大相径庭。以卢旺达经济支柱产业采矿业为例，几乎所有的技能岗位（工程师、地质学者、拓扑学者等）都由外籍人士担任，类似问题还普遍存在于工业、制造业等发展基础十分薄弱的领域。经济发展急需技术技能型人才，而高校学生却多选择人文社会学科，自然科学、应用技术与工程等学科学生普遍稀少，结果是一方面高校培养的毕业生无法满足一些劳动力紧缺的行业需求，另一方面已有毕业生大多不具备市场要求的优良技能。同时，在医疗、农业、水资源、环境与气候治理、交通、社会服务、畜牧等领域，对具备专业知识、掌握熟练技能的应用技术型人才的需求也在不断扩大。因此，卢旺达高等教育急需调整学科和专业结构，促进应用技术类专业快速发展，加快培养适应市场需求的劳动力资源，从结构上确保高等教育毕业生质量。

目前，全球就业形势更为严峻，2021年全球工作时间比疫前水平（2019年第四季度）减少4.3%，相当于1.25亿个全职工作岗位。[1] 撒哈拉以南地区同期也呈现下降趋势，2020年，撒哈拉以南非洲地区的经济增长率下降至−3.3%，陷入25年来的首次衰退[2]，就业岗位缩减。卢旺达近20年来平均就业人口比为76.98%，列非洲冠军之位，也排世界前列。[3] 但近年来，卢旺达就业人口比例的小幅下降在一定程度上也表明了人口与就业之间的紧张状态。

随着高等教育规模的不断扩大，大学毕业生人数不断攀升。在毕业生不断增加的情况下，同期就业竞争力显著增加。就业人口比例不断小幅下降也能反映毕业生就业压力与日俱增。大多数毕业生表示就业竞争压力很大，需要进一步提高学历水平才能找到工作。

---

[1] 周子勋. 疫情演变对全球就业市场冲击超预期[N]. 中国经济时报，2021-10-29（2）.

[2] 宾建成，许浩冉，魏松. 新冠肺炎疫情时期非洲发展数字经济的条件、挑战与对策[J]. 江苏师范大学学报（哲学社会科学版），2022，48（3）：83-96+124.

[3] 万秀兰，李佳宇. 非洲高等教育需求巨大[J]. 中国投资，2017（20）：28-29.

（四）高层次人才培养及科研能力弱

1. 博士层次人才培养能力不足

卢旺达高等教育教师资源紧缺，尤其是博士层次的教师尤为紧缺。除此之外，解决经济发展优先领域对高层次人才的需求，加强高校博士生培养与科研合作，促进国家优先领域科研发展等也是进一步扩大博士生教育的目标。尽管卢旺达近十年的经济发展和科研政策在影响博士生教育的招生方向、培养资格及科研投资等方面发挥了积极作用，但以下因素导致博士生培养能力仍显薄弱，博士生教育质量并不理想。

首先，博士生教育在卢旺达属于精英教育。目前，卢旺达的博士生培养资格仍集中在少数大学，这些高校是国内资源最丰富的大学，有可利用的国际合作或援助资源。极个别私立高校虽然也具有博士生培养资格，但招生人数非常有限。博士生生源多是大学中拥有硕士学位的教师。

其次，以获取学位为主要目的的非应届博士生数量持续增长。目前虽无对博士生年龄的确切调查和统计，但据 2018 年德国学术交流中心[1]和英国文化委员会[2]资助实施的"撒哈拉以南非洲科研和博士生培养能力调查"显示：在包括卢旺达在内的撒哈拉以南非洲国家，大多数博士生不是应届毕业生，硕士毕业后直接攻读博士学位的学生少之又少。另外，博士生教育政策也倾向于提升高校教师的学历层次，博士生的生源大多是高校教师。这些高校教师在很大程度上受工作或经济条件限制无法全身心投入学业，这不仅意味着他们并没有太多时间待在学校进行学习研究，而且经常因生活和工作压

---

[1] 德国学术交流中心是德国各大学共同设立的机构，创立于 1925 年，1950 年重建，主要任务是促进德国大学与国外大学之间的联系，尤其是通过大学生和科学家的人员交流促进联系。其正式成员有 231 所大学和 128 个大学学生会，经费主要来自联邦政府拨款（约 85%）和欧盟拨款（约 6%），以及其他资助。

[2] 英国文化委员会是英国促进文化教育和科学国际合作的独立机构，于 1934 年成立，总部在伦敦，在全世界 80 多个国家和英国的主要城市设有办事处。宗旨是通过思想、知识和技术交流，发展英国的国际关系。工作范围包括提供英国教育机构的详细资料，安排学者和研究人员在英国进修、学习、考察和访问。

力而延期毕业，甚至直接辍学。非应届博士生的持续增加严重影响到博士生教育的质量和效果。

再次，博士生教育经费普遍短缺。受经济发展水平限制，卢旺达对高等教育的投入较低，且高等教育经费更多地分配给本科教育阶段，研究生阶段，特别是博士研究生的教育经费投入较少，而且数额并不固定。

最后，博士生教育质量缺乏有效保障。一方面，在教育投入中，博士生的质量受到多重因素制约，卢旺达的博士生教育资源及相关服务并不足以支持博士生培养工作和满足博士生的学习需求，其中科研基础设施、信息通信技术资源、博士生学习环境和职业发展支持四方面对博士生教育质量的影响最为明显。另一方面，在教育教学过程中，卢旺达普遍存在以下问题：博士生导师紧缺，导致师资配比不协调；导师资历和经验不足，指导学生能力不足；因缺少经费，博士生难以外出参加学术会议或参加博士生暑期课程等提升科研能力和开拓视野的活动；博士生教育监管体系不健全，政策执行和体系建设缺乏具体的标准和操作程序；博士生教育的质量文化和管理文化有待建设等。另外，在教育出口（毕业）中，博士生教育普遍缺乏详尽的毕业标准规定，因而也无法确定博士生毕业之时在科研发表、学术交流等环节的实践及其成果情况。

上述一系列问题影响了原本处于精英阶段的博士生教育质量，也难以为博士研究生教育提供充足的高水平师资资源。目前，卢旺达博士生教育与科研关联性不高，博士生科研资助与支持不足，也缺乏有效的政策指导。博士研究生教育既没有有力地保证提升高校教师学历目标的实现，也没有很好地促进科研发展和带动高等学校进行科学研究。

2．大学科研人员比例低且科研能力弱

大学的科研水平是保证国家创新和经济社会可持续发展的重要因素。在

卢旺达，科研人员在所有人才之中所占比例极低。在卢旺达政府大力发展高等教育的过程中，高等教育科研人员数量及科研能力与过去相比虽稍有提高，但从整体上看，科研人员比例还是偏低。科研人员短缺直接导致科研产出较低，已有科研成果大多数也是高度依赖国际合作和访问学者的产出。因此，卢旺达高校在科研管理能力建设、科研地位、科研条件及科研实效等方面仍然面临重重困境。大学科研基础薄弱，科研人员科研能力不高，实验设备、化学药品和其他科研用品极度匮乏，高水平专家有限，图书、数据库等资源陈旧且可获取性差，这些条件都限制了科研能力的大幅提升，导致研究发展缓慢。

在卢旺达，大学是主要甚至唯一的科研场所，但这些大学大多没有充分发挥科学研究的本体职能，也缺乏有效的科研激励政策来实现科研转型。从国际视角看，卢旺达大学要顺利完成高等教育的使命、保障高等教育质量任重道远，特别是很好地履行科学研究的任务和使命，更是一项长期而艰巨的挑战。

二、高等教育的发展对策

（一）实施高等教育质量提升行动

卢旺达政府十分关注高等教育质量问题，目标是将卢旺达建设成为中等收入国家和知识型社会。卢旺达高等教育委员会在修订后的《资格框架和质量准则》中，公布了公立和私立高等院校的教育质量标准。

在过去的几十年里，国际教育环境发生了深刻变化。私立教育供给快速增长，高等教育的质量管理任务增加，私立和公立高等教育机构之间的竞争比以往任何时候都更加激烈。卢旺达的高等教育私有化程度很高，更多地依赖学费，学生承担大约三分之一的教育费用。近年来，卢旺达一直在实施高等教育质量提升行动：一是于 2006 年加入东非共同体。[1] 二是卢旺达高等教育部门于 2008 年加入博洛尼亚框架，以促进区域内学分互认。加入博洛尼亚框架是为了提高高等教育质量，采用以学习者为中心的方法，促进学生自主学习和自我实现，加强教师对学生的指导，改革考试制度，加强能力本位的课程开发和实施，以提升卢旺达高等教育的全球化和国际化水平，促进卢旺达高等教育机构的国际流动。三是大学合并。2013 年 9 月，政府倡导并主持了几所公立大学的合并，合并后的大学命名为卢旺达大学。目前，私立高等教育机构在数量上占据高等教育的主导地位，因此，卢旺达高等教育机构呈现明显的"一对多模式"，一是指"一所公立大学即卢旺达大学"，多是指"多所私立大学"。

（二）正确处理好国际化和本土化之间的关系

卢旺达实现高等教育本土化以促进国家建设为核心。独立之后的卢旺达，高等教育面临着多重挑战，如殖民时期遗留下来的教育歧视以及私立高等教育机构的兴起导致的教育质量下降。因此，要发展高等教育，在建立起区域高等教育合作机制、加强与其他国家教育交流合作的同时，卢旺达还必须依据本国国情和区域需要，重视公民教育，宣传卢旺达本土知识体系、价值观，开设以种族和身份认同为主题的课程，建立起以发展为导向的高等教育。

（三）加强教师队伍建设

一是要扩大师范生招生规模。卢旺达的大学需要开设更多的教师培养的

---

[1] 东非共同体的目标是促进东非地区的发展，确保行动自由，改善人类发展和教育。

专业和课程，扩充师范生培养体量。二是设立师范生专项奖学金和学业补助奖，吸引更多的卢旺达学生投身于教师队伍。三是加强教师培训，促进教师专业化持续发展。这要求一方面了解教师培训需求，进行有效沟通，调动教师参与培训的热情，激发教师的学习兴趣。另一方面要根据实际适当调整教师培训的方法，将岗前教师培训和在岗教师培训相结合，提高培训的质量。

（四）加大财政投入

卢旺达政府通过专门财政拨款支持高等教育的发展，缓解毕业生就业困难问题。卢旺达计划将政府预算的20%用于教育，此外还已着手一项宏伟计划，即每年力争创造20万非农就业岗位，以解决严重的失业问题。2017年，卢旺达政府财政预算为2万亿卢旺达法郎（约160亿人民币），同比增加了7.4%。[1] 作为教育计划的一部分，卢旺达希望在全国30个行政区域至少各设立一所技术和职业培训中心，以培养更多的技术人才进入劳动力市场。卢旺达的每个行业都急需技术人才。按照以前的"配额"制度，图西族等种族的儿童不可能进入优质学校，甚至没有机会接受大学教育，现在政府采取了一系列行动改变这种状况。

---

[1] 鲁希巴纳，李丛. 卢旺达教育之路[J]. 中国投资，2018（2）：66-69.

第七章 职业教育

卢旺达职业教育系统为未就业的年轻人和失业者提供职业教育和技能培训，旨在帮助他们顺利就业，同时也为已就业者提供继续培训，以提升其技能水平。在过去，职业技术教育和培训在卢旺达社会认可度不高，如今已被政府作为优先事项发展，看作是推动卢旺达经济增长的重要动力之一。卢旺达职业教育的目标是使60%的中学生选择职业技术教育和培训，其余40%的中学生选择通识教育和大学教育。

卢旺达负责职业技术教育的政府部门是劳动力开发局，其职能包括制定职业教育政策和战略规划；监督职业技术教育和培训政策的实施；监督职业技术教育的认证和质量，包括课程开发、认证和培训教师；指导5个综合学院区域中心工作。

地方政府负责区级职业技术教育学校的管理，确保为所有学生提供教育和培训，并为那些有意愿但无法晋升或转岗的人员提供技术培训和发展项目，这些项目通常由劳动力开发局实施。

第一节 职业教育概况

目前，卢旺达政府已经将职业技术教育置于优先发展地位，并已采取一些措施来强化职业技术教育，以适应经济和社会转型需要。近年来，卢旺达的职业技术教育机构、职业技术教师和学员数量增长很快，以卢旺达职业培训中心入学人数为例，2012—2016 年，中心入学人数从 13 557 人增长到 18 585 人。[1]

卢旺达职业教育的课程开发主要由卢旺达理工学院负责，私营部门也可参与课程开发，劳动力开发局负责对学校提供的课程进行检查和认证。

卢旺达公立和私立职业技术教育机构和高等教育机构提供各种形式的教育和培训。目前，大多数公立职业技术教育机构的预算只够支付教师工资，没有足够的经费用于购买培养学生技能所必需的设备，需要学生支付学费以获得所需资源，但许多家庭无力承担。而私营部门虽然也提供学徒、实习、培训服务，但仍然不能满足日益增长的需求。

为保障教育体系的完善，卢旺达政府制定并实施了资格框架。目前，卢旺达实施的资格框架有四种：卢旺达教育委员会实施的国家考试分级体系框架、劳动力开发局实施的职业技术教育资格框架、高等教育委员会实施的高等教育资格框架以及由教育部成人教育司实施的成人教育资格框架。

一、资格框架

卢旺达职业技术教育资格框架包括 7 个级别：1 级基础水平，2—5 级职业技术教育和培训证书（4 个），6 级职业技术教育普通文凭和 7 级职业技术教育高级文凭。其中，1—2 级为非正规或非正式职业技术教育提供途径，3—7 级为以学校为基础的职业技术教育提供途径。卢旺达 3—7 级职业教育和培训等级证书说明见表 7.1。

---

[1] 曹丽萍. 卢旺达职业教育发展现状、挑战与应对[J]. 职业教育研究，2018（7）：85-91.

表 7.1 卢旺达 3—7 级职业教育和培训等级证书说明

技能级别	证书类型	证书级别要求
3	职业技术教育和培训证书一	具备初始日常工作管理的知识和技能
4	职业技术教育和培训证书二	具备在特定背景下从事日常工作并做出判断的知识和技能
5	职业技术教育和培训证书三	具备理论和实践知识以及工作技能,并能够在既定情况下承担有限责任
6	普通文凭	拥有熟练的技能,在既定或不断变化的环境下需要承担有限责任
7	高级文凭	拥有高级技能,并能够在已知或不断变化的情况下做出判断和承担责任

二、质量标准

质量标准由卢旺达职业技术教育委员会制定发布,是在特定时期指导和规范职业技术教育的文件。卢旺达教育部门会定期对质量标准进行针对性的研究,并根据情况及时修订或重新制定。质量标准一旦经劳动力开发局制定并核准,职业技术教育机构就要在相关地区和部门监督下执行,根据质量标准要求提高其教育质量。

三、质量审查

质量审查是对职业技术教育机构的质量进行系统检查,以确保其符合质量标准。卢旺达职业技术教育委员会根据质量审查报告将职业技术教育机构分为以下类别:(1)按照参与职业技术教育和培训的情况,分为可认证和不可认证；（2）按照职业技术教育和培训流程，分为通过和不通过；（3）根据参与职业技术教育和培训人员的综合评价，分为优秀、良好、中等、差和极差几个等级。此外，质量审查报告还将呈现针对质量类别、质量领域和质量标准的分析结果。

质量审查一般采用以下三个步骤：（1）职业技术教育和培训机构的自我评估；（2）地区验证；（3）劳动力开发局评估。为保证质量审查的高效、准确和透明，职业技术教育管理信息系统中专门建有质量管理模块，并将其作为审计工具。该系统还规定了其他行政和技术程序，如确定审查员名单、审查员培训计划、被审查方阐述计划、审查时间、预算和审查程序等。

四、资格认证

资格认证是指职业技术教育课程-项目和职业教育与培训资历框架水平得到正式认可和批准的过程。认证分为以下类型：初始认证、对新的职业教育与培训资历框架以及职业技术教育课程的认证、区域和国际项目的认证和再认证。

五、质量保证

质量保证是为提高职业技术教育质量所采取的所有必要行动的计划和系统模式。质量保证由劳动力开发局根据质量审查报告进行计划和组织。年度质量保证计划至少应包括以下组成部分：（1）目标；（2）相关的职业技术教育和培训机构；（3）战略方法；（4）实施计划。质量保证计划一旦制定出来，劳动力开发局将统筹、协调、实施和监督年度质量保证活动。各机构和利益相关者是实施、协调和监督这些活动的关键。劳动力开发局将对职业技术教育机构予以适当关注并与之沟通，提出参与这些活动的要求，妥善安排活动的时间和地点并派遣相关人员予以指导。质量审查涉及的机构及其功能见表7.2。

表7.2 职业技术教育和培训机构及其功能

机构	功能
质量标准机构	制定质量标准，根据质量标准提高质量
品质监察机构	提供所有必要的信息和文件，进行评估和监督
颁证机构	提供所有必要的信息和文件，进行申请认证
质量保证机构	根据地区和劳动力开发局的战略建议提高质量，参加质量保证活动

在卢旺达，职业技术教育管理部门必须遵守以下质量保证安排：协调职业技术教育机构和教师的注册和认证，提供相应级别和类型的资格证书；评估职业标准和学习课程，认定职业技术教育资格；制定职业技术教育资格认证规则；培训评估人员和验证人员，确保在"以能力为基础的评估"的框架内进行可靠和有效的评估；对职业技术教育教师的教学技能进行培训；行业代表参与职业技术教育设计和其他工作；使职业技术教育级别描述与其他资格框架相一致。

六、职业教育发展计划

为扩大职业技术教育规模，提高职业技术教育质量，满足国家经济社会发展的需要，卢旺达政府制定了职业教育发展计划，并确定了以下目标。

第一，增加具备所需技能和能力的职业技术教育毕业生人数。为了提高职业技术教育对卢旺达劳动力市场和社会经济发展的响应能力，该教育计划提出确保到 2024 年将职业技术教育和培训雇主对毕业生的满意度从 75%提高到 90%；必须提高职业技术教育政策、战略、工作场所学习政策、卢旺达职业技术教育与培训资历框架、基于职业能力的课程以及新的职业技术教育和培训法律制度的实用性。

第二，提高基础设施满意度。为实现在《2017—2024 年国家转型战略》中提出的将 60%的学生纳入职业技术教育机构的目标，卢旺达政府加强了职业教育基础设施建设。[1] 在课程设计和供给方面，与私营机构建立伙伴关系，特别是建立高等院校与企业的伙伴关系，以提高课程相关性和适应性。推动国际合作，与潜在雇主和劳动力市场进行更多接触，并在政策和课程开发以及教育治理、融资和供给方面发挥更大作用。

第三，提高高等教育优先计划注册人数。该计划将鼓励更多学生进入工程、制造、建筑、农业、卫生、教育和其他与卢旺达社会经济发展相关的关键领域。这不仅能确保高等教育毕业生的素质，而且也能使其具备现代经济发展所需的高素质技能。对于那些选择注册这类课程的极度贫困学生将根据需要予以经济奖励。

第四，提高高等学校在优先领域的研究能力，包括 STEM 课程。通过人才培养，增强高等学校的科研能力，确保课程与市场需求紧密结合。为此，将整合有针对性的财政资源来促进科研。

第五，加强国家、区域和国际高等教育机构之间的研究合作，在促进高等教育相关性方面发挥重要作用。除了大力关注经济转型的关键领域外，高等院校也将更加积极回应社区的需要。继续加强对职业技术教育、高等教育和其他机构的鼓励和支持，以促进区域和国际合作研究，从而使成果尽快向实践转化。

---

[1] HAKIZAYEZU J D. Challenges facing technical and vocational education and training institutions on youth employment in Rwanda: a case study of Gasabo District[D]. Kigali: University of Rwanda, 2022.

第二节 职业教育组织机构

卢旺达的职业教育组织机构主要分为管理组织和职业院校两类，管理组织主要是卢旺达职业技术教育和培训委员会，职业院校主要有卢旺达理工学院、恩戈马综合理工区域学院等。

一、卢旺达职业技术教育和培训委员会

（一）培训管理部

该部主要侧重于标准合规性、培训员安置、能力开发、学校基础设施建设等方面的协调管理，如工作场所学习、职业指导、行业实习、生产和孵化、跟踪调查以及职业技术教育的性别平等化。该部门还负责对特殊学院进行适当的监督和管理。[1]

（二）课程与教学材料开发部

该部的具体任务是制定、定期更新职业技术教育课程和监测其实施情况。根据课程相关性，与技术专家小组持续加强合作，根据不断变化的劳动力市场需求对职业技术教育课程进行基准测试，并与技能委员会、专业团体和行业合作，制定课程开发、设立标准。[2]

根据课程需求状况，该部还负责规划、组织和促进技术教育和职业培训的教师手册、学生手册和其他教学辅助工具的设计、开发，以及测试、监测

---

[1] 资料来源于恩戈马综合理工区域学院官网。
[2] 资料来源于恩戈马综合理工区域学院官网。

和评估工作。

2008年以来，卢旺达的职业技术教育基础设施日益完善，不仅成立了许多新的职业技术教育学校，还对原有学校进行扩建。卢旺达政府鼓励私营部门投资职业技术教育领域，2017—2021年，职业技术教育学校的数量从385所增加到422所，同期职业技术教育学生从79 695人增加到83 556人。[1] 卢旺达全国职业技术教育最新追踪调查显示，青年就业能力为70.3%，雇主满意度为75%。然而，要想实现"优质职业技术教育和培训"，卢旺达还有很长的路要走，必须要克服一些问题和挑战。因此，要想使现有职业技术教育和培训体系达到优质的目标，必须采取一些非常规的方法和创新举措，加快实现知识经济，从而实现《国家科学技术战略》规定的创造214 000个体面和生产性就业岗位的年度目标，以顺利实现"2050年愿景"。

二、卢旺达理工学院

卢旺达理工学院由卢旺达政府于2017年建立，目的是提供优质职业教育，提升学生就业能力，主要任务是提供以科学技术为基础的技术、职业培训和教育，为个人创造就业机会，并为国家发展做出贡献，具体内容如下：（1）开展和促进技术和职业领域的研究和技术革新，并进行成果转化及传播，以促进国家发展；（2）参与技术和职业领域知识的发现、交流和保存；（3）促进教育、文化发展和卢旺达价值观的形成；（4）传授技术和职业教育以及学徒培训所需的知识；（5）为各行各业的从业人员提供在职培训，提升其生产技术和职业技能；（6）为技术和职业教育机构内教学和研究人员的专业发展制定各种计划和组织各种活动，提高其知识、技能和管理水平；（7）为解决

---

[1] 数据来源于《2022年卢旺达教育统计报告》。

与国家发展有关的其他问题做出贡献；（8）与其他具有类似使命的国家、区域或国际机构合作，以实现国家使命和国际目标。[1]

三、恩戈马综合理工区域学院

恩戈马综合理工区域学院是卢旺达理工学院的二级学院，致力于促进职业技术教育与培训方面的改革。在卢旺达职业技术教育与培训资格框架下，恩戈马综合理工区域学院为来自不同民族、不同阶层的学生提供技术教育和职业培训。同时，恩戈马综合理工区域学院是实现卢旺达国家转型战略愿望的重要参与者，旨在培养有技能、有能力的卢旺达公民，提升人们的生活水平和维护社会稳定。学院设有信息和通信技术部、机械工程系、土木工程系、通识教育系和酒店管理系等系部。

（一）信息和通信技术部

信息和通信技术部是恩戈马综合理工区域学院的部门之一，学制一般为三年，学习内容是信息技术知识。在三年的学习过程中，学生需要在特定的环境下学习和应用基本实践技能，从而胜任今后的工作岗位。通过三年的学习，学生将具备以下能力：计算机维护、设计、配置和管理小型网络，数据库设计与开发，基于知识产权的设备安装和操作，窗口服务器管理，Linux 服务器管理，广域网设计、配置和管理，PHP 开发后端使用，数据库管理以及工作场所整合等。通过职业资格认证或部分职业资格认证的学生将获得在信息通信技术部工作的机会。[2]

---

[1] 资料来源于卢旺达理工学院《学生手册》。
[2] 资料来源于恩戈马综合理工区域学院官网。

学生学习结束后须接受资格鉴定。对合格学员将提供以下类型的职业资格证书：信息技术助理、信息技术业务助理分析师、数据库设计器/数据库开发员、数据库管理员、软件开发员、网络设计师、网络管理员、系统管理员、云计算工程师、信息技术支持和闭路电视操作员、质量保证工程师/测试工程师、后端开发员、信息技术业务设计师、网络安全干事等。

（二）机械工程系

机械工程系学制为三年，提供汽车技术和制造技术高级文凭，以培养具有正确态度和创业能力的有活力、有知识、有技能的毕业生，充分发挥并挖掘他们在汽车工业、生产和制造技术以及为整个社会做贡献方面的潜力。机械工程系拥有合格教师和设备齐全的车间，培训、教学和学习是该部门的核心工作。该系还提供焊接和汽车发动机维修等一系列短期课程。机械工程系具有颁发汽车技术高级文凭和制造技术高级文凭的资格。[1]

汽车技术高级文凭学习时间一般为三年。通过资格认证后，学生将有机会获得车辆预防性维护、发动机维护、燃油供应系统维护、车辆传动系统维护、车辆电气系统维护、电子控制系统维护等方面的工作。汽车技术高级文凭有最低入学要求。申请人应满足以下条件之一：（1）持有高级文凭（A级）并通过两门相关入学考试；（2）汽车生产技术、焊接技术、铸造技术等相关知识基础较好，并持有5级资历证书；（3）在汽车制造技术及相关领域持有相当于高级文凭（A级）或5级资历证书的学习经历证明；（4）从其他公证机构获得的任何同等学力证书；（5）具有基础数学和科学（包括基础物理、基础化学和植物生物学相关学科）背景。

---

[1] 资料来源于恩戈马综合理工区域学院官网。

（三）土木工程系

土木工程系学制为三年，目标是为卢旺达的土木工程行业培养合格的技术人员。土木工程系为全日制学生提供建筑技术和土地测量高级文凭，还设有大量短期课程，主要是木工、石工、绘画等。[1] 土木工程系具有颁发建筑技术高级文凭和土地测量高级文凭的资格。

建筑技术高级文凭学习时间为三年。学生通过资格认证后，将有机会获得建筑和结构设计软件使用、静定和超静定结构分析、收尾活动操作、金属和木材脚手架、混凝土结构设计、数量和成本估算准备、钢结构设计、木结构设计、挡土墙和水箱设计基础、建筑项目管理和工作场所整合等方面的工作。建筑技术高级文凭规定了最低入学要求，申请人须持有高级文凭（A级）、拥有两个数学背景的主要通行证；持有工程相关能力方面的资格证书，或建筑相关领域相当于A级或RE资格框架级的国家资格框架学习认可证书；从其他认证机构获得的同等学力证书。

土地测量高级文凭学习时间一般为三年。在资格鉴定结束时，将会为合格学员提供ArcGIS软件应用、Autodesk Civil 3D应用、遥感卫星图像处理、测量仪器维护、距离测量、土方计算应用、地理信息系统应用（制图）、全站仪操作、全球导航卫星系统测量应用、土地信息生产管理等方面的工作。土地测量高级文凭规定了最低入学要求，申请人须持有5级资历证书，在土地测量或相关方面拥有较强能力，拥有数学、物理、计算机、地理方面的高级证书，相当于土地测量或相关领域A级或RE资格框架级的国家资格框架学习认可证书，从其他认证机构获得的同等学力证书。

（四）通识教育系

通识教育系提供贯穿其他系的交叉课程，这些课程使学生能够获得所有

---

[1] 资料来源于恩戈马综合理工区域学院官网。

必要的技能。通识课程系面向全体学生，通过系列教育规划和基础活动，为每个学生提供独特的教育机会，以挖掘其全部潜力，帮助其全面发展。

通识课程系规定了必修科目，为所有学生提供各个领域的不同类型课程，如数学、科学（物理、化学）、创业、语言和沟通技能，以便学生日后能够顺利融入工作场所和就业市场。通识课程系建有专门英语语言资源中心，配备了各种学习设备，其使命是培养并促进学生发展，目标是以自我驱动、创造性、独立和批判性的思维来提高学生的语言能力和对世界的总体认知水平，进而培养能够参与和促进国家、区域和整个世界可持续发展的毕业生。

数学是必修课程。恩戈马综合理工区域学院根据技术行业的特点，开发了数学模块，以满足不同行业的要求。这些模块按照不同层级设计，包括应用基础工程数学、应用工程数学、测量数学和离散数学。

科学课程是必修课程。恩戈马综合理工区域学院认识到科学认知的重要性及其对学生的技术技能学习的促进作用。科学课程学习模块有物理模块，包括应用物理基础、几何光学、振荡和波动；还有化学模块，主要是应用基础化学。这些模块主要在第一年教授，旨在培养学生的科学思维能力，使他们更具创造力。

语言和沟通技巧也是必修课程。首先是提高学生的口头表达和分析研究技能，学会用逻辑和批判性思维技巧与同行讨论各种科技话题，了解新兴技术中新业务的问题和关注点。其次是提高学生的交际能力，通过教授不同语言，包括英语、法语和斯瓦希里语，以提高其交流技能。学生要至少用两种语言来交流和进行专业学习。最后是方法驱动，通过基于能力的培训方法树立以学生为中心的理念，增强学生的全面、高度参与，并提升其生活技能。

（五）酒店管理系

酒店管理系的学生可以在酒店管理、客房管理、餐饮管理以及烹饪艺术等专业中进行选择。酒店管理系创新性地开展多学科研究,以应对酒店经营工作面临的挑战,还开设了一系列短期课程,主要是家政、前厅、餐饮服务和烹饪艺术等。酒店管理系的总体目标是为卢旺达的酒店行业培养合格的技术人员。三年学习期满后,酒店管理系为学生提供客房管理、餐饮管理和烹饪艺术文凭。

酒店管理系规定了最低入学要求,申请人应完成 RT 资历框架 / RE 资历框架 5 级(职业技术教育和培训酒店与旅游管理)或其他司法管辖区认可的同等学力。

第三节 职业教育的挑战和对策

一、职业教育面临的挑战

如今,卢旺达正面临着诸多挑战,其中,由于社会动荡导致的人才和资本流失问题异常严峻,这不仅造成国家经济发展所必需的技术人才和管理人才的匮乏,还给劳动力市场带来巨大压力。大量年轻人在完成九年基础教育后就进入劳动力市场,他们中有很大一部分需要获得适合市场需要的技能,这就给卢旺达的职业技术教育系统带来了严峻考验。如果不能采取有效措施应对这些挑战,就会严重妨碍国家经济社会的发展。

第一,当前的职业技术教育体系存在许多系统性和制度性的障碍,导致学生技能基础薄弱、教育质量不高,与劳动力市场需求之间差距日益扩大,急需政府制定有效政策来应对。

第二,目前的职业技术教育系统缺乏横向融通和纵向贯通,职业技术教育系统和市场脱节,学生缺乏清晰有效的发展路径。值得注意的是,卢旺达直到现在仍未建立健全职业技术教育资历框架(RT 资历框架),利益攸关方也没有认识到资历框架的价值。

第三，卢旺达尽管对将职业技术教育作为优先发展事项达成了共识，但随着经济社会的快速发展，包括政府在内的社会各界对国家面临的技术人才短缺程度显然准备不足，了解也十分有限，从而导致职业技术教育部门提供的技能培训与市场需求极度不匹配。因此，必须深化认知，让职业技术教育课程更加适应劳动力市场需求，在职业技术教育发展规划中实行目标资源技能优先策略。

第四，职业院校毕业生缺乏就业技能。2019 年，仅有 59.6%的职业教育毕业生实现就业，职业院校的毕业生不能满足所在单位的岗位要求，无法从职业教育中受益。[1]

二、职业教育的发展对策

当前，卢旺达职业技术教育发展所面临的首要问题就是教育内容与市场需求不匹配，要解决这个问题，就必须采取恰当措施，确保职业教育系统提供的教育服务能够符合劳动力市场的需求。

（一）强化职业技术教育顶层设计，提高职业教育管理水平

一是提高劳动力开发局工作人员的管理能力。劳动力开发局虽然对职业技术教育改革和发展做出了重要贡献，但其工作人员中有很大一部分是年轻人，存在技能和管理经验不足的问题。这些员工需要接受一定的技能培训，以获得更丰富的管理经验，从而优质高效地完成其工作。

---

[1] HAKIZAYEZU J D. Challenges facing technical and vocational education and training institutions on youth employment in Rwanda: a case study of Gasabo District[D]. Kigali: University of Rwanda, 2022.

二是提高职业技术教育机构人员的管理水平和能力。卢旺达职业技术教育机构管理人员和项目的实际参与人员也存在着诸多能力不足的问题。鉴于权力下放，越来越多的责任被移交给知识产权保护机构，这一级的管理人员需要随时掌握新的技能，如熟悉资金管理和项目管理，了解新的政策法规及其对分散的职业教育机构的影响等。

（二）建立科学的劳动力发展规划机制

第一，构建区域和国际职业技术教育体系，使学生通过职业技术教育能获得所需要的就业技能，以应对不断变化的劳动力市场需求。

第二，帮助学生从学校到社会顺利过渡。终身学习时代的来临，需要学生从高中向职业培训中心和理工学院顺利过渡，以及从培训机构向学术机构过渡。学生必须能够在机构之间自由转换，所有职业技术教育机构应该随时随地向学生开放，为所有人提供终身学习的机会。

第三，建立统一的国家资格框架，促进学术和职业之间的衔接。现有资格框架，包括从学士到硕士的资格框架，都需要统一到国家资格框架中。资格框架应该包括职业技术教育系统的不同部分之间的纵向贯通及职业技术教育系统和通识教育系统之间的横向融通。

第四，加强职业技术教育利益相关者之间的协调与联系。随着经济社会的发展，职业教育的合作伙伴数量将大幅增加，职业技术教育机构之间、职业技术教育机构与合作伙伴之间以及公立职业技术教育机构与私立职业技术教育机构之间联系的复杂性也与日俱增。这种合作伙伴关系可以加强职业技术教育与劳动力市场的联系，并优化职业技术教育的质量。加强与企业的联系正日益成为卢旺达职业技术教育面向劳动力市场的最重要的特征。

第五，改善职业技术教育设施及其经营状况。职业技术教育系统工作人员经常抱怨缺乏合适的设备或设备太差，这个问题是资金不足导致的。2006

年之前，卢旺达职业技术教育没有单独的财政预算，即便现在，分配给职业技术教育的预算虽然有较大幅度的增加，但仍然远远不能满足需求。改进设施不仅要增加资金，更要注意解决诸如如何收集、管理和利用资源等问题，要采取有效措施来收回成本，并以可持续的方式提高设施运营收入。

（三）提升职业技术教育水平

第一，提高职业技术教育课程的实用性。迄今为止，卢旺达的职业教育课程开发仍遵循以教师为中心的理念，其课程设置虽然有支持学生学习的资源、设备和教学策略，但评估方法是测试学生在某个时间点对知识的记忆，而不是持续地评估他们的技能、知识和态度。实际上，将创业技能作为职业技术教育课程的重要组成部分，可以使学生更好地迎接工作和生活中将面临的挑战。为此，转变课程开发理念，满足行业需求服务，必须开发新的、以能力为基础的职业技术教育课程。这些课程应满足以下要求：（1）由行业开发并与行业合作；（2）能够反映技术和工作场所的变化；（3）以学生为中心而不是以教师为中心；（4）利用从知识和技能的实际应用中提取的资源；（5）建立健全灵活的学习供给机制，以满足那些不能进行全日制学习的学员和有特殊学习要求的学员以及残疾人的需要；（6）科学合理评估，使学生能够通过展示所学的知识和技能来证明其能力。

第二，提高职业技术教育的吸引力。职业技术教育历来被定位为"二次机会"或"二流教育"。在许多国家，"学术成绩差"的年轻人被分流到职业技术教育机构，这加强了对职业技术教育的负面看法，也使职业技术教育的作用和价值被低估。改变观念的有效方法是展示职业技术教育可以取得的积极结果，引导学生积极参与职业技术教育并获得各种资格和资质，而不仅仅是学术评价。提高职业技术教育的地位和吸引力关键在于改变公众对职业技术教育的看法和态度。为此，教育部、基础教育委员会、高等教育委员会和劳动力开发局将在其中发挥重要作用。

职业技术教育的地位也可以通过升级理工学院和职业中心来实现，加强理工学院和培训机构及其在工业和技术发展（即应用研究）中的作用，也可以有力地提高职业技术教育对高中毕业生的吸引力。这个过程的核心是对那些已经离开正式教育系统的人员（包括边缘群体）提供全面的职业建议与指导，告知他们职业技术教育的潜在价值，以及他们接受职业教育后可选择的职业，如熟练的工艺和技术人员。

第三，吸引企业参与职业技术教育。企业的参与对企业和职业技术教育机构是双赢之举。一方面，企业可以更好地甄别其未来的员工是否具备良好的技能和工作态度，也可以与劳动力开发局合作，以确定其技能需求，并对实施策略进行介入。另一方面，对于职业技术教育机构来说，企业的参与可以带来更多的实习或学徒项目以及资金和技术支持，可以提高服务供给的效率，从而更好地适应市场需求。

第八章 成人教育

第一节 成人教育的发展现状

一、成人教育的历史发展

（一）独立前的非制度化成人教育

卢旺达在独立之前由于教育资源有限，无法建立制度化的成人教育，但在社会上存在不同形式的成人教育。这一时期，卢旺达社会主要以农业为主，大部分居民从事农业劳动，文化程度较低。成人教育主要以家庭教育、宗教教育、雇主培训和伦理道德教育四种形式存在。

首先，家庭教育是最主要的成人教育方式，主要在家庭或部落中进行，通过传统的口口相传和师徒相授方式进行，年长者向年轻人传授生活常识、生产技能和伦理价值观等。其次是宗教教育，从19世纪中叶开始，基督教传入卢旺达，一些宗教学校相继建立，吸纳家庭和社区人员参与。这些学校灌输宗教信仰的同时教授一些基本的知识，如读写算知识和宗教礼仪等。有些宗教学校还提供音乐教育，如乐器演奏、唱圣歌等。再次是雇主培训。在独立前，一些年轻人在履行劳动合同的同时接受一定的教育。这种教育是在按照劳动合同工作的同时,由雇主提供的文化和生活技能培训。最后是伦理道德教育,也称为"线性"文化教育。这种教育主要在部落或家族中进行,年长者教育年轻人区分善恶、维持社会秩序和辅助维持部落和家族的和谐关系。

(二)独立后的成人教育

成人教育在卢旺达被称为"继续教育""循环教育"或"第二次机会教育,"[1]既包括为成人提供各种学历证书、专业资格证书或技能证书的各种正规教育(全日制学校教育)和非正规教育(非全日制学校教育),也包括不一定提供证书,主要帮助成人更新知识和岗位技能,以适应科技经济社会的变化的各种教育和培训活动。卢旺达独立后,卢旺达政府十分重视成人教育,并采取一系列措施推动成人教育的发展和改革。

一是颁布政策和法规,从法律上规范成人教育的发展。卢旺达1962年《宪法》第23条规定:"每个公民都有接受教育和终身学习的权利,国家应为全体国民提供基础教育和职业培训"。2015年,政府通过《卢旺达教育法》,明确了卢旺达教育的基本原则和政策,其中专门对成人教育做了规定,并制定了成人教育实施和保障措施。同年,《卢旺达职业教育法》通过,明确指出职业教育是成人教育的重要组成部分,为成人教育的发展提供了法律依据。

二是实施成人扫盲教育行动。卢旺达独立之初,全体国民识字率很低,大量青少年和成人缺乏基本的识字能力。为扫除青壮年文盲、提高全体国民的识字水平,卢旺达推行国家扫盲计划,以尽快使青少年和大量成人脱盲并获得基本读写能力。扫盲计划主要依靠中央政府推动,同时争取获得一些国际合作组织、非政府组织、地方政府和社区的支持。社会参与是扫盲计划顺利推行的重要因素,包括志愿者支持、社区动员以及资源共享等。因此,卢

---

[1] 资料来源于卢旺达基础教育部官网。

旺达在各个社区设立了扫盲教育中心，提供扫盲教育和培训，为需要提高基本读写能力的成年人和青少年提供学习机会。

三是为适应劳动力市场的需求，开展技术与职业教育。卢旺达政府投资建设了职业技术学院和培训中心，为成人提供职业技术教育和培训，以提高其就业能力，促进充分就业。培训课程涵盖建筑、制造、商业以及信息技术等领域。

四是开展农业培训和教育。首先，由于卢旺达总体上还是以农牧业为主的国家，因此政府在全国各地成立了农业培训中心，为农民提供各种现代农业技术培训和指导。培训中心提供多样化的农业课程，涵盖种植、畜牧、养殖、灌溉等方面的知识和技能。其次，卢旺达成立了专门的农业高等教育机构和职业学校，如卢旺达农业大学。为促进农业和农村发展，这些学校提供农业科技相关学历教育和职业培训，以培养农业专业人才，推动农业科技发展。再次，卢旺达鼓励农民成立合作社和组织，通过合作社模式进行集体经营和技术共享。政府和非政府组织通过合作社向农民提供农业培训和技术指导，提升农民职业技能和农业生产效率。最后，为加强对农民教育培训和技术的支持，卢旺达政府推出了一系列农业项目和计划，向农民提供农业技术、现代农业技术推广以及农产品市场开发等培训，以提高农民的农业生产能力、市场经营能力和农业管理能力。

五是远程教育和在线学习。随着现代科技和信息技术的发展，卢旺达逐渐引入成人远程教育和在线学习等方式，通过互联网和电子信息平台，为成年人提供更便捷和灵活的学习机会。

二、成人教育的现状

卢旺达政府通过加大对成人教育的投入和支持，使成人教育得到了很大发展，广大成年人的教育水平和就业竞争力显著提高，成人学员数量不断扩大，妇女识字水平也逐渐提高。

（一）学员数量不断增长

从办学主体看，成人教育主要由私立机构、公立机构、政府资助机构三类机构组成。2016—2018年卢旺达成人教育的学员数量见表8.1。

表8.1 2016—2018年卢旺达成人教育学员人数 [1]

单位：人

年份	2016	2017	2018
私立机构	57 275	35 043	18 086
公立机构	38 495	43 791	37 020
政府资助机构	30 395	73 181	77 259
总计	126 165	152 015	132 365

从表8.1可以看出，2016年以前卢旺达成人教育主要以私立机构为主，其学员人数占成人学员总数的45.4%。2017年，在政府资助的成人教育机构就读的学员人数远远超过了公立和私立教育机构。2016—2018年，卢旺达成人教育的学员总数逐步增长，从126 165人增加到了132 365人。其中，2018年，政府资助机构的学员总人数为77 259人，占总数的58.4%，私立机构学员占比下降至13.7%。

（二）学员的年龄和性别情况

如图8.1所示，2018年，大多数参加成人教育的学员年龄在25—44岁。

---

[1] 数据来源于《2018年卢旺达教育统计报告》。

25岁以下人群参加成人教育的比例较低，主要原因是这个年龄段的人群正在接受基础教育或高等教育。从总体看，45岁及以上年龄段人群参加人数较少。从性别看，参加成人教育的学员，女性多于男性，这是因为女性识字率普遍比男性要低，而且政府也采取了一些降低性别歧视的成人教育措施。

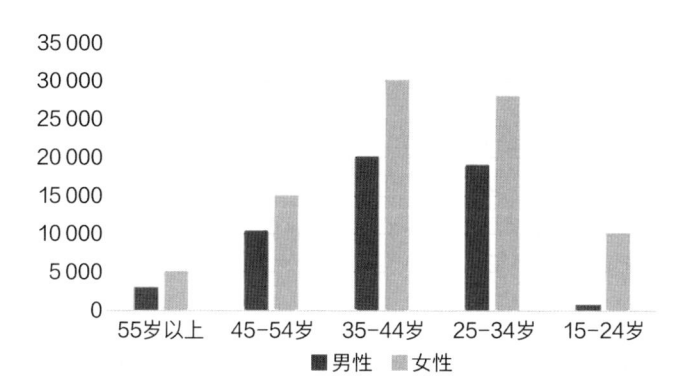

图8.1 2018年卢旺达成人教育学员的年龄和性别情况[1]

（三）成人教育教师情况

1. 成人教育教师数量

如表8.2所示，成人教育教师总数从2016年的5 725人增至2017年的6 287人，2018年又降至6 072人。从举办主体看，2016年，私立机构的教师最多，共有2 501人，占总数的43.7%；2018年时下降到1 026人，占比16.9%。而政府资助机构成人教师的数量迅速上升，由2016年的1 584人上升到2018年的3 330人，占比也由27.7%上升到54.8%，接近翻了一番。这基本上与学生人数增长保持一致，也从侧面反映了卢旺达的成人教育师资不是很稳定。另外，在卢旺达成人教育教师队伍中，男性教师要多于女性教师。

---

[1] 数据来源于《2018年卢旺达教育统计报告》。

表 8.2 2016—2018 年卢旺达成人教育教师人数[1]

单位：人

年份	2016	2017	2018
私立机构	2 501	1 446	1 026
公立机构	1 640	1 738	1 716
政府资助机构	1 584	3 103	3 330
总计	5 725	6 287	6 072

2. 教师接受培训情况

卢旺达成人教育的教师队伍不仅不稳定，师资水平也较低，因此培训合格的教师十分重要。如表 8.3 所示，2016—2018 年卢旺达接受继续教育（培训）的成人教育教师数量增长迅速，三年接受培训的教师总人数分别为 986 人、3 804 人和 3 525 人，其中男性教师分别为 597 人、2 386 人和 2 173 人，女教师人数分别为 389 人、1 418 人和 1 352 人。[2]

表 8.3 2016—2018 年卢旺达成人教育培训教师人数

单位：人

年份	2016	2017	2018
男性	597	2 386	2 173
女性	389	1 418	1 352
总计	986	3 804	3 525

---

[1] 数据来源于《2018 年卢旺达教育统计报告》。
[2] 数据来源于《2018 年卢旺达教育统计报告》。

第二节 成人教育的挑战和对策

一、成人教育面临的挑战

（一）师资水平较低

卢旺达政府十分重视成人教育，专门开发了成人教育课程，由相关部门组织、实施并监管成人教育考试。与其他类型教育相比，成人教育经费预算较少，不得不借助非政府组织和宗教组织来提供。但是这些组织并不是纯粹意义上的教育机构，它们往往缺乏相应的资源来提供高质量的成人教育和培训。就拿扫盲教育来说，参与扫盲的教师大多数不具备国家教师资格，扫盲教师主要来自志愿者，很多教师只有小学毕业水平，有的只接受一周的培训后就上岗。

卢旺达政府及成人教育的组织者希望更多人参与到成人教育课程中来，以尽快提高成人的识字能力和生活水平。但实际效果并不尽如人意，因为在成人教育教学实践中大多数教师仍然采用传统的教学法讲授，往往以说教为主。学习知识虽然重要，但更重要的是发展成人学员的认知水平，提升个人综合能力，特别是解决问题的能力，使学员能够更有效地处理日常生活中面临的各种挑战。成人不同于一般学生，他们都已经具备一定的生活经验，因此成人教育应该摒弃"以教师为中心"的传统教学模式，而应以成人学员为中心，以学员的生活经历和经验为基础，充分结合学员的日常生活和生产劳动，使他们学得好、用得上。事实证明，学员一旦发现自己习得的阅读、写作和计算等技能在日常生活中有用，他们就会投入更多的热情和努力。

研究表明，科学的教学方法是有效学习的关键。在扫盲教育中，如果采用新的科学的教学方法，社会识字项目的影响会更大，效果会更好，学员结业后更有可能在所在社区担任领导角色，从而促进个人发展。因此，成人教育需要采用以学员为中心的教学方法，帮助学员对自己负责，引导学员在参与中发展研究和思维能力。为此，卢旺达大学教育学院成立了一个由五名学者组成的成人教育研究小组，专门研究并指导成人教育实践。他们总结的社会实践方法，使卢旺达大学成为全国知名的成人教育和培训中心。这种社会实践方法在促进学员发展、使学员顺利毕业方面能发挥重要作用，尤其是在促进毕业生培训后尽快成为扫盲教师培训人员方面作用显著。

（二）参与度不高

在卢旺达成人教育实践中，学员参与不足是最大问题，尽管卢旺达10岁及以上人口的识字率很低，为71.7%，但是成人教育学员仍然出勤率低、辍学率高。[1] 这是因为成人教育的授课时间安排遵循班级授课制形式，几乎没有考虑学员的需求，导致大多数学员时间不方便，而且教师也经常缺课。在卢旺达，参加成人教育的妇女人数很少，因为她们要照顾孩子和做家务，有时还不得不赚钱补贴家用。卢旺达的男人也不愿正视他们不会读书写字的现实，他们更愿意把时间和精力用在如何摆脱贫困上，因此参加成人教育和培训（如扫盲班）并不是他们的优先考虑事项，尽管他们知道可能从教育中受益。许多年纪较大的学员因为视力差、身体不好，也不能按时参加课程。

（三）基础设施薄弱

大多数成人教育培训中心建在社区，但提供成人教育并不是社区的主要功能，因此培训中心通常设备简陋，没有专门的教室，学员经常在教堂或露

---

[1] 数据来源于《2018年卢旺达教育统计报告》。

天上课，而且学习材料严重短缺，连基本的教学设施如黑板、桌椅等都严重缺乏。

二、成人教育的发展对策

卢旺达的成人教育面临一系列的问题和挑战，政府还须从以下方面发力，推动成人教育更快更好地发展。

一是建立健全成人教育的政策和法规。卢旺达政府尽管很重视成人教育，但是并没有制定完善的成人教育政策和法规，成人教育管理事务或活动，如经费支持、激励和约束机制、培训补贴、学历认证和学分转换等，没有相应的政策来规范和引导。因此，卢旺达急需一部法律来规范各种成人教育活动，鼓励更多成人参与到学习中来。

二是加大成人教育的经费投入。与其他类型教育相比，卢旺达成人教育的经费投入还很低，因此必须加大资金投入，支持成人教育的师资队伍建设、教育基础设施建设、教材和课程开发以及学习资源建设等。

三是加强成人教育教师培养和培训。卢旺达的成人教育培训中心大多没有专职的教师，以临聘教师或兼职教师为主，大多数教师没有从事教育教学的经历，严重缺乏教育学和心理学知识，而且有些教师甚至只接受一周的培训就上岗，导致教育质量不高、学员参与度不够。因此，成人教育教师的培养和培训亟待加强，使教师具备专业知识和教学技能，更好地胜任教学工作，提高教育质量。

四是加强对成人教育的宣传和动员。目前，卢旺达成人教育的参与度不高，原因之一是很多人没有意识到学习的重要性，因此有必要开展各种活动，深入社区一线进行成人教育宣传，鼓励和吸引更多群众，消除不正确观念，提高成人接受教育的意识和参与度。

五是提高成人教育的适应性和灵活性。首先，在课程安排上，充分考虑成人的生活特点和工作的实际情况，尽可能将培训安排在非工作日。其次，在教学方式上，除了那些需求量大、人数比较多的课程采取班级授课之外，可采取"送教上门"或"点单式"培训，尽可能结合群众生活实际进行培训。再次，在教学方法上，尽可能采取"以学员"为中心的教学方法，基于成人生活经验和工作经历，引导学员自我指导式学习。最后，充分借鉴现代科技和教育信息技术，组织学员进行远程学习、在线学习和移动学习等，以满足不同学员的需求。

六是成人教育质量的监测和评估。建立成人教育监测和评估机制，以解决问题为导向、以提高教育质量为目标，及时收集信息并进行数据分析，追踪成人教育实施状况，适时调整和优化成人教育计划和实施路径。

七是与其他伙伴建立协同机制。卢旺达基础教育、职业教育和高等教育机构与联合国教科文组织等国际组织以及其他非政府组织、宗教机构、社区以及行业企业等建立了良好的合作关系，因此，有必要加强与这些组织或机构的合作关系，协同致力于卢旺达成人教育的可持续发展。

第九章 教师教育

第一节 教师教育的发展和现状

一、教师教育的历史发展

卢旺达教师教育的发展大概可以分为四个时期：殖民地时期、独立时期、危机时期、现代教师培训体系建立时期。在不同的历史阶段，卢旺达的教师教育一直在不断发展和完善。政府致力于提高教育水平，并确保教师拥有优质的培训和支持，以提供高质量的教育。

（一）殖民地时期

在德国殖民统治期间，卢旺达教育系统主要以宗教为基础，并只为少数族群提供教育。1916年，卢旺达成为比利时殖民地，比利时殖民政府引入了新的教育制度，并开始为更多人提供教育机会，包括在教师培训领域进行初步尝试。

（二）独立时期

卢旺达于 1962 年获得独立后，教育系统逐渐发展起来。早期，重点放在提供基础教育机会和推动识字运动上，后来又建立了专门负责教师培养和培训的教师培训中心，并着力培养本土教师。正如卢旺达前总理恩桑齐马纳所说，卢旺达政府要想实现基础教育可持续发展的目标，就必须在建立教师培训学院方面做出巨大努力。[1] 因此，1960 年，在比利时宗教教会的帮助下，卢旺达效仿比利时教育体系，以师范小学的名义开办了一些小学教师培训中心。这些学校成立后获得了一定的发展，但在 1979 年面临挑战，急需改革。教师培训学院和教师培训中心可以提供两种教师资格，一种学生毕业后教授小学生基础知识，另一种学生毕业后主要教授小学生一些技术科目，如建筑、烹饪等方面的基本技能，它们为日后师范学校的形成奠定了基础。

（三）危机时期

1994 年大屠杀和内战之后，教育系统严重受损。大量教师丧生或被迫逃离卢旺达，有 50%—70%的中小学教师不具备任教资格。[2] 随后，政府加大了对教育的重视，并制定了一系列政策和措施来促进教师教育的发展。

（四）现代教师培训体系建立时期

研究发现，卢旺达技术人才较为缺乏，年轻人轻视"蓝领"工作，而偏爱"白领"工作，对于技能的学习持消极态度，导致社会对技能人才的需求

---

[1] 资料来源于卢旺达教育部官网。
[2] 林斌. 种族屠杀后卢旺达教育重建问题研究[D]. 金华：浙江师范大学，2011.

难以满足。[1]此外，卢旺达的教师教育体系也十分混乱，亟待建立一个规范的、专业的体系，以满足社会发展所需的师资。

卢旺达大力发展教育事业，成立教育部门，提高教育质量，促进教育公平。教育部主导了教师教育改革，将教师教育的发展划分为两个层次：师范学院培养小学教师，教育学院培养中学教师。卢旺达教师教育目前最需要的是重建合格的教师培训学院，以提升教师的教学水准和能力。从 2006 年开始，卢旺达政府着手建立现代化的教师培训体系，以提高教师的教育质量和教育水平。教师培训学院进行了改革和创新，引入了更加全面的课程和培养方案。政府也加强了对教师培训的投资，提供教育基金和奖学金，鼓励更多人参与教师培训。

除了自身努力外，卢旺达还积极寻求国际合作与国际援助。卢旺达政府与国际组织和合作伙伴合作，共同发展教师教育。联合国教科文组织、世界银行、国际开发署等机构提供技术支持和资金援助，促进教师教育的改进和创新。例如，联合国教科文组织和联合国教育基金会分别在 1994 年和 1996 对卢旺达教师进行了相关培训。

二、教师教育的现状

（一）结构与人数

1. 学校教职工人数

截至 2021 年，卢旺达教育系统中学校教职工总人数达到了 125 621 人，其中公立学校教职工人数为 45 849 人，政府资助机构的教职工人数为 61 463

---

[1] 曹丽萍. 卢旺达职业教育发展现状、挑战与应对[J]. 职业教育研究，2018（7）：85-91.

人，私立学校教职工人数为 18 309 人，详情见表 9.1。[1] 2017—2021 年，尽管私立学校教职工人数呈下降趋势，但总体上看，卢旺达学校教职工人数逐年增加，教师队伍不断壮大，背后的原因离不开卢旺达政府对教师教育的重视和投入。

表 9.1 2017—2021 年卢旺达各类学校教职工人数

单位：人

年份	2017	2018	2019	2020	2021
公立学校	27 125	27 392	28 454	42 522	45 849
私立学校	18 868	18 477	19 932	20 047	18 309
政府资助学校	47 698	48 568	49 345	58 576	61 463
总计	93 691	94 437	97 731	121 145	125 621

2．教师学历背景

2021 年，在学前教育阶段，83.7%的教师持有高中毕业证书，满足了学前教师的最低要求。此外，15%的人拥有更高的学位，而 1.3%的教师低于最低学位要求；在小学教育阶段，93.3%的教师拥有高中毕业证书，达到了小学教师学历的最低要求，6.6%的人拥有更高的学位，0.2%的学位低于最低要求；在中等教育阶段，教师持有学士学位的占 54.7%，拥有学士学位是高中教师的最低要求，与此同时，35.6%的教师拥有文凭，达到了初中教学的最低要求，0.8%的人拥有更高的学位，而 8.9%的人的学位低于最低要求；在职业教育阶段，拥有硕士和博士学位的教师占 1.5%，43.3%的人拥有学士学位；在高等教育阶段，大部分教师拥有硕士学位，占 43.3%；拥有博士学位的教师从 2020

---

[1] 数据来源于《2022 年卢旺达教育统计报告》。

年的1 027人增加到2021年的1 169人，增长了13.8%，参见表9.2。[1] 近年来，卢旺达教师学历水平有了较大的提高。

表9.2 2020年卢旺达各教育类型教师学历情况

单位：人

教育类型	学前教育	小学教育	中等教育	职业教育	高等教育
博士研究生	7	3	13	3	1 169
硕士研究生	48	85	234	84	2 515
本科生	788	2 956	17 504	2 524	1 891

3．合格教师数量

合格的教师是符合特定教育要求并具有教授特定学科或年级所需资格的教育工作者。2017—2021年，卢旺达各教育阶段合格教师数量不断增加，详见表9.3。[2]

2021年，在学前教育阶段，有98.7%的学前教师达到了至少拥有高中毕业证书的最低要求，不合格教师的数量正在减少，仅有92名不合格教师；在小学教育阶段，2021年有99.8%的教职工具备小学教学资格，不合格的教师人数从2017年的668人减少到2021年的109人；在中等教育阶段，2021年合格教师的比例为94.1%，不合格的教师数量为1 500人；在职业教育阶段，2021年合格教师比例达到76.8%，不合格教师比例从2017年的41.1%降至2021年的23.2%。总体而言，卢旺达教师合格水平呈现上升，合格教师比例上升，不合格教师比例下降，这反映了卢旺达为提高教师资格和专业知识水平所做的努力，其最终目的在于提高教育质量。

---

[1] 数据来源于《2022年卢旺达教育统计报告》。
[2] 数据来源于《2022年卢旺达教育统计报告》。

表 9.3 2017—2021 年卢旺达各类型教育师资情况

单位：人

教育类型	人数	2017 年	2018 年	2019 年	2020 年	2021 年
学前教育	合格教师	5 116	5 414	6 183	7 444	7 259
	不合格教师	923	866	748	590	92
小学教育	合格教师	40 905	41 568	43 348	60 055	62 937
	不合格教师	668	505	530	611	109
中等教育	合格教师	16 117	16 139	16 566	23 051	23 968
	不合格教师	3 151	3 424	3 227	1 352	1 500
职业教育	合格教师	2 450	1 959	2 741	3 281	3 190
	不合格教师	1 711	1 782	1 051	894	961

（二）教师培训机构的建立与发展

1. 小学教师培训中心的建立与发展

卢旺达教育部在 2006 年提交的教育报告中提到，教育的主要任务是提高入学率和教育的地位。1994—2006 年，卢旺达小学生数量从 942 729 人增加到 2 019 991 人，入学人数增长了 114%；中学生数量也从 50 100 人增加到 239 629 人，入学人数增长了 378%；高等教育学生人数由 3 518 人增至 37 000 人，入学人数增长了 952%。[1] 总之，政府对教育高度重视，新建或重修了大量教学基础设施。1995 年，教育部门又实行了一系列改革举措来发展教育，如扩大班级规模、提高入学率。2006 年，小学入学率升至 52.4%，而到 2015 年则上升到 107%；初中生的毕业率则从 24% 上升到 69%。辍学率是另一个需要解决的重要问题，小学辍学率从 2004 年的 14% 下降到 2006 年的 2%。[2] 小学教育的

---

[1] 资料来源于卢旺达教育部官网。
[2] 资料来源于卢旺达教育部官网。

快速发展对小学教师教育提出了更高的要求。

"2020年愿景"的最终目标是促进整个国家的发展，强调了人力资源对国家发展的重要性。卢旺达是一个发展中国家，未接受教育的人口众多，因此"2020年愿景"强调教育是国家发展的支柱之一，希望到2020年，所有卢旺达人都掌握基本的读写算能力，拥有一定的专业知识和技术技能，教师能接受充分的、高质量的培训，以便能够培养未来在各个领域服务的有技能的年轻人。[1] 大屠杀后，卢旺达小学教育合格教师仅为45%。[2] 年轻教师是教学主力，要想完成提高入学率和改善初等教育的目标，必然需要数量充足的合格专业教师。为尽快达成这一目标，卢旺达政府支持教育部成立教师培训中心。1998年，小学师范学校改名为教师培训中心。这些培训中心与其他中学一样，受教育部管理，实施高中课程教学。为提高教师教育质量、培养更多合格的学前教师和小学教师，2007年，教育部决定与全国所有教师培训机构共建教育中心，并充分发挥卢旺达国立大学教育学院的作用，与其共同实施教师培训中心的幼儿与小学教育管理项目。[3]

2009年，卢旺达政府一改法语教学的传统，推行英语教学。小学教师教育积极响应这一政策，教师培训中心也改用英语教学。此外，新政策还给予教师培训中心的学员自主选择教学学科的权利，学员毕业后可以选择自己喜欢的课程，包括现代语言教学、社会研究教学、科学与数学教学等。2013年，卢旺达大学教育学院重申学前教育的关键作用，强调学前教育是塑造孩子未来的基础，首次开设学前教育专业，教师培训中心也将学前教育开设为新专业，以培养具有专业教学能力的幼儿教师。目前，卢旺达教师培训中心的数量增加到16所[4]，这些培训机构在卢旺达基础教育领域，特别是学前教育和

---

[1] 资料来源于卢旺达教育部官网。

[2] 林斌. 种族屠杀后卢旺达教育重建问题研究[D]. 金华：浙江师范大学，2011.

[3] UWORWABAYEHO A, MUHIRE I. Statistical analysis of TTC students performance in the examinations for the award of a Primary Teacher Education Certificate[J]. Rwandan journal of education, 2016, 3: 51.

[4] 数据来源于《2022年卢旺达教育统计报告》。

小学教育领域发挥了巨大作用,培养了充足的专业教师,提高了基础教育质量。选择教师培训中心项目的学员首先需要完成三年的普通中学教育,再通过卢旺达教育委员会组织的全国考试,然后选择一个专业进行为期三年的中等教育学习,最后由卢旺达大学教育学院组织考试、评分、颁发证书(A2)[1]。

教师培训中心培养了一大批优秀师资,推动了卢旺达学前教育和小学教育的可持续发展,但这些培训中心自身发展也存在着一些瓶颈,如实验室和图书馆数量有限、基础设施和设备不足、教育教学技能不扎实等。

2. 中学教师培训学院的建立与发展

联合国教科文组织在关于卢旺达教育和改革的报告中提到,1963 年卢旺达国立大学成立时并未建立与教育相关的专业,只有医学、科学、法律、语言、经济学和社会科学等专业。1975 年,在联合国儿童基金会和开发计划署的资助下,卢旺达建立了中学教师培训机构,为教育部门培养合格的专业教师。机构成立之初,学员须经三年学习、考试合格后获得教师资格,毕业后在中学教书。1998 年前,卢旺达并没有专门的教师培训机构,1999 年,基加利教育学院首开教师教育培训之先河。学校一开始根据办学条件招收少量学生,后来规模逐渐扩大,招生数千名。基加利教育学院可以授予艺术与语言教育、科学教育、商业、经济、人文教育、小学教育等多个专业的学士学位,学生毕业后获得 A0 资格。[2]

2007 年,鲁卡拉教育学院和卡武穆教育学院先后成立,提供两年文凭水平的学术课程。卢旺达基础教育先实施九年全民基础教育计划,后又将受教育年限扩大到 12 年。在学生人数迅速增长、教师需求激增的情况下,两所学院在 2008 年开始运营,主要任务是培养合格的中学教师。鲁卡拉教育学院的学科特色是社会科学和人文教育,而卡武穆教育学院的特色是科学教育,二

---

[1] 教师资格证书,等级为 A2。
[2] 卢旺达职业认证分为六个等级:A3(初中)、A2(高中)、A1(大专)、A0(学士)、M(硕士)、D(博士)。

者均为初中、高中培养合格的教师。

2010年，内阁会议讨论后决定合并鲁卡拉教育学院和卡武穆教育学院，成立卢旺达教师教育学院。卢旺达教师教育学院隶属基加利教育学院，地点设在鲁卡拉。为满足合并后的办学需要，教育部新建并完善了大量教学基础设施。2014年，基加利教育学院划归卢旺达大学，成为卢旺达大学的一个二级学院。卢旺达期望将所有公立大学和教育机构联合为一个大学，将教师教育作为一个整体来做大做强，但一些学者基于自己的研究结论对此提出了质疑。

卢旺达教育部门还开展了远程培训项目，以提高教师素质。2001年，基加利教育学院启动远程培训项目，该学院的10个学习中心被分为4个区域管理中心。[1] 远程培训项目的学员均为全日制聘用的中等学校的不合格教师，学习中心每个月的周末组织住校辅导，实行学科导师制，以自学教材、模块学习方式为主，辅以面对面教学等支持。教育学院启动这一项目旨在帮助不合格的教师获得专业技能，从而为学生提供优质的教育服务。这一项目为国家培养优秀教师提供了可资借鉴的经验和路径，并显著提高了卢旺达教育部门的专业水平。

第二节 教师教育的特点和挑战

一、教师教育的特点

大屠杀后，卢旺达重建教育事业，但各级各类教育普遍存在城乡差距大的情况，教师教育资源也是如此，严重偏向城市。当时教育部将教师教育的重点放在小学阶段，中等教育阶段和高等教育阶段的教师教育发展缓慢，且严重依赖外籍教师。

---

[1] 资料来源于卢旺达教育部官网。

（一）教师教育资源偏向城市

卢旺达教师教育的基础较弱，教师教育资源主要集中在城市。在卢旺达，全国超过 74%的人口生活在农村，16.3%的人口生活在贫困线以下。[1] 教育资源城乡差距巨大，农村地区难以获得充足的资源以发展教师教育。在此情况下，政府相关部门出台政策，鼓励将一些公共机构重新设立在二线城市和广大农村地区。这些政策在某种程度上缓解了教师教育的城乡差距问题，有力地推动了二线城市和广大农村地区的教育事业发展，也提高了毕业生的就业率。

（二）以培训小学教师为主

受经济发展水平的影响，卢旺达大多数小学教师只有小学学历，大部分小学只设 1—4 年级，经济发展水平较好的城市地区才有能力提供 1—6 年级的教育。由于中等教育和高等教育入学人数少，中等教育、高等教育的师资需求远远小于初等教育，因此大部分教师培训机构将工作重心放在小学教师的培养上。他们从小学毕业生中选拔资质较好的学生，对这些学生进行短期培训，将其培养成为小学教师。政府对教师教育虽然投入了一定的资金，规模也有所扩大，但主要还是集中在小学低年级教师的培训上。

（三）教师教育依赖外部力量

从历史上看，卢旺达教师教育一直比较依赖外部力量。殖民时期，天主教会在卢旺达创办学校，自主开设课程、编写教材。民族独立后，卢旺达政府打破了教会对教育事业的垄断，将教育权收归国家。种族屠杀结束后，卢

---

[1] Redistributing public institutions to rural areas: a case of the University of Rwanda College of Education, Rukara[J]. African journal of governance and development, 2019, 8(1): 25.

旺达经济社会重建困难重重，虽然教育由政府主办，但不得不借助外部力量来发展。政府多次召开"国教"会议，通过出台法规、重建教育模式等措施来修复政府与教会的关系，推进教育合作。[1]

政府虽然对教师教育的发展做出了许多努力，但由于历史原因和发展时间较短，教师教育在卢旺达的发展内动力不足，并受到资金和基础设施短缺等因素的制约。卢旺达国内能够担任中学教师和大学教师的人数较少，中等教育和高等教育不得不依赖外籍教师，尽管如此，师资需求仍然得不到满足。因此，许多国际组织和国家对卢旺达的教师教育采取了援助行动，如联合国教科文组织、世界银行、经合组织、欧盟等国际组织积极促进卢旺达发展教师教育，这些国际组织在教师教育政策制定方面也形成了自己的特点和共性，建立了教师教育的框架体系。[2]中国也参与了援助卢旺达以及其他非洲国家发展教师教育的行动，例如，2016年中国资助联合国教科文组织教育信托基金400万美元，用于支持非洲国家教师培养项目，其中就包括卢旺达；2017年和2018年，中国继续增加捐款，用于巩固和扩大此类项目。[3]

二、教师教育面临的挑战

（一）教师社会地位较低

和非洲大多数国家一样，卢旺达的教师社会地位较低，生存条件较为恶劣，这导致教师缺乏教学热情，年轻人从事教师职业的意愿较低。而且，政府也未能在政策层面确保教师的基本生活需求得到满足，教师不仅工资水平

---

[1] 林斌. 种族屠杀后卢旺达教育重建问题研究[D]. 金华：浙江师范大学，2011.

[2] 孔令帅. 当前国际组织教师教育政策的个性与共性——基于政策文本的分析[J]. 外国教育研究，2016，43（2）：59.

[3] 编者按. 中国增加400万美元 支持CFIT项目[J]. 世界教育信息，2016，29（10）：73.

低，还时常遭遇工资拖欠，加之工作条件差，教师工作态度和职业满意度受到严重影响。一些教师不得不通过副业或寻求其他收入来满足生活所需。

无论在哪个国家，实用高效的教师工资制度都是确保教育系统高质量的重要因素之一。然而，在卢旺达，由于缺少国家财政的充足支持，教师工资较低，导致教育质量下滑。联合国教科文组织的研究显示，卢旺达政府的教育支出虽然逐年增加，但教育支出占 GDP 的比例很低，以中等教育为例，2000 年其开支占 GDP 的比例为 1%左右，2010 年约占 1.42%，2021 年约占 1.47%，学前教育、初等教育、高等教育的占比甚至更低。[1] 而落实到教师教育经费，支出更是严重不足。

（二）教师数量严重不足

尽管近年来卢旺达政府不断加强师资培养与培训，基础教育教职工人数从 2015 年的 38 441 人增加到 2020 年的 45 323 人[2]，但这些远远不能满足教育发展的需求。从事基础教育的教师数量严重不足，是卢旺达面临的最严峻的挑战。国家还因教师极度紧缺宣布教师教育处于紧急状态，并从其他公共部门抽调人手填补教师缺口。当然，导致师资不足的原因很多，既受国家经济发展水平的限制，又受教师职业自身因素的影响。伴随卢旺达初等教育的普及，入学儿童数量快速增长，更加剧了师资不足的状况，给教师教育带来了巨大压力。为此，卢旺达政府积极采取应对措施：成立教师教育培训机构，中学后即设置教师教育；压缩岗前培训时间，将原来的 2 年缩减为 1 年；招募大量只接受过短暂岗前培训但不具备教师资格的教师辅助人员。但这些措施都是以牺牲教师教育的质量为代价的，为日后基础教育的改善和发展埋下了隐患。

---

[1] 数据来源于联合国教科文组织官网。

[2] 数据来源于卢旺达教育部网站。

（三）教师教育质量难以保障

从教师教育质量角度而言，卢旺达并未建立严格的教师资格制度，未取得教师资格证的在职教师比例较高。大量无教师资格的人员进入教师行业，严重影响了教育质量，阻碍了优质初等教育的普及。而且，教师教育培训课程内容雷同、知识重复现象严重，且大多脱离教学实际。在教学过程中，很多学员只是被动听讲，课堂上很少参与，教学效率极低，并且缺少教育实习环节。在这种课程体系下培养出来的教师，在教学中往往以自我为中心，采用满堂灌的教学方法，讲课枯燥无味。这些现象在卢旺达十分普遍。卢旺达教育部门正积极采取措施改善教师教育质量。2020年起，教育部提倡教师培训学院只招收教师培训中心表现最优秀、最积极的学员，并修订了中学课程，配备了科学实验室、语言实验室等现代化设备。政府承诺为新一代教师培训中心学员提供一半学费，为中小学教师加薪10%，为教师提供住房和牛奶，以提高教师的从教积极性，尽可能地让优秀教师继续留在教育领域。[1]

---

[1] 资料来源于卢旺达基础教育委员会官网。

第十章 教育政策

教育政策是国家管理和发展教育的重要手段和工具，伴随教育规模的扩大和国家职能的加强而产生和发展。教育政策作为一国公共政策体系的有机组成部分，以解决公共教育问题、满足公共教育利益为出发点，体现公众的教育利益。公益性是教育政策的基本性质，也是教育政策的应然追求。[1]

从教育实践层面来看，教育前行的每一步都无法同教育规划及其组织实施分开。在各层次各类别的教育中，在教育发展的不同时期与阶段，教育规划总是或强或弱、或显性或隐性地左右着教育的改革和发展。总体来看，教育规划及其实施是促进卢旺达教育发展的关键因素之一。

第一节 教育政策和规划

一、教育政策规划概况

从内容来看，卢旺达教育政策主要经历了四个阶段。一是独立初期（1962—1970年），卢旺达此时面临教育系统的重建和发展，政府推动基础教

---

[1] 刘复兴. 教育政策的四重视角[J]. 清华大学教育研究，2002（4）：13-19.

育的普及，加大对初等教育的支持力度，出台了全国性的教育政策框架。二是 1971—1994 年，此时各种层次的教育逐渐增加，包括高等教育和职业教育等，政府加大了对教育的投入，并制定了多项相关政策和法规，确保教育的质量和普及。三是后种族冲突时期（1994—2000 年），1994 年种族大屠杀对卢旺达的教育系统造成了严重的破坏和分裂，许多学校被摧毁，教育设施严重受损。因此，政府在该时期重点致力于教育的重建和恢复，重建被破坏的学校和培训师资。四是 21 世纪以来，政府采取了一系列措施来改善教育质量和确保教育的普及，其中包括大力投资基础教育，改革教育管理体制，提高师资培训和管理水平，以及推动技术创新与数字化教育等，此外还倡导科学技术教育，以帮助国家经济发展和减贫。

二、学前教育规划

卢旺达政府致力于扩大学前教育的规模，以确保每个幼儿都能接受高质量的学前教育。举措包括在城市和农村地区建设更多的学前教育机构，提供学前教育服务。

2015 年，卢旺达政府批准实施以游戏和能力为基础的学前教育课程，并实施教师直聘制度，又于 2017 年制定了学前教育工作计划。目前，全国学前班已经超过 3 400 个。教育部正在与诸多利益相关者合作，以信仰为纽带建立伙伴关系，整合各种资源扩大学前班规模，共同制定指导文件、课程表、教师指南、工作计划和标准等，并配发给各学前教育中心，以确保当地提供高质量的学前教育。

卢旺达《2018/2019—2023/2024 年教育部门战略计划》指出，卢旺达学前教育和入学准备计划是面向未来的学习，特别是为那些处境不利儿童的学习打基础。卢旺达政府承诺扩大 3—6 岁儿童的三年早期教育机会，国家目标是到 2023/2024 年使 45%的儿童获得早期教育。

三、基础教育规划

卢旺达政府制定了一系列基础教育规划，以提高教育质量、推动教育普及和改善学生学习成果。

（一）九年基础教育计划

卢旺达在国际组织的帮助下，于 2005 年开始实施九年基础教育计划。该政策主要通过梳理并回答以下问题来指导和开展基础教育活动：第一，谁应该接受教育；第二，需要教授和学习哪些内容；第三，如何进行教育；第四，可供分配的资源有哪些？这四个问题清晰界定了卢旺达学生接受基础教育的四大要素：教育对象、教育内容、教育方法和资源配置。卢旺达制定九年基础教育计划的目的是通过取消学费，确保并提高小学和初中教育的入学机会和参与程度。

九年基础教育计划的具体内容是：在学校基础设施建设上，政府注重基础设施建设和改善，为学生提供良好的学习环境，加强设施的修缮、更新和建设，确保设施的安全、卫生和适用性。在学制改革上，政府将基础教育阶段延长至九年，包括六年小学教育和三年中学教育。在课程改革上，政府对基础教育的课程进行了改革，更新了教学内容、方法和材料，使其与现实需求相匹配。政府鼓励学校开展教学和学习活动创新，培养学生的创造力和解决问题的能力。在教育评价和监测上，政府健全了教育评价和监测机制，确保教育政策的有效实施和学校教育质量的监测，通过教育数据和统计信息来评估学校和学生的教与学成果。

卢旺达政府致力于通过九年基础教育规划来提高教育普及率、提升教育质量和促进学生成长与发展。政府将持续关注规划的实施效果，并根据需要进行评估和调整，以达到教育发展目标。

（二）12 年基础教育计划

为了实现所有人在各级各类教育中获得优质、公平和有效的教育，卢旺达教育部门大力投资，将基础教育从 9 年扩大到 12 年。义务教育和免费教育为期 9 年，涵盖小学和初中，俗称九年基础教育。所有完成这一级别的学生都有权再接受 3 年基础教育，即 12 年基础教育。9 年基础教育和 12 年基础教育之间的主要区别在于，第一个是义务性的（强制、免费、普及），而第二个是应享权利，所有这些学校都是非寄宿制的。

目前，卢旺达的基础教育包括 12 年的教育，即小学 6 年，初中 3 年，高中 3 年。在基础教育阶段，学校旨在教给学生正确的文化价值观以及资讯科技和基础性知识（语文、数学、社会科学等），提供合作课程（唱歌、绘画）以及文化、历史、体育等课程。基础教育使学生掌握信息和通信技术的基础知识和基本技能，为实现国家可持续发展奠定基础，同时解决边缘化儿童的教育问题，实现包容性教育。

自从实施全民小学教育计划后，小学教育成为卢旺达全体国民的一项基本权利，卢旺达政府因势利导，倡导全民中等教育。卢旺达实施了以下初中教育政策：建设新学校设施，以接纳大量小学毕业生；在儿童家庭附近提供日间中学；实施免费中餐计划，防止食物缺乏对学生入学和辍学产生影响；提高小升初衔接的灵活性。卢旺达的免费中餐计划对提高入学率和降低辍学率功不可没。来自邻国和其他非洲国家的经验也表明，实施基础教育政策，结合干预措施，有助于提高学生的入学率、参与率、留校率和教育质量。

(三)基础教育教师规划

教育是促进一个国家发展的主要支柱。目前,卢旺达正在采取改革措施使基础教育总体上得以重建和发展,逐渐从 1994 年大屠杀的影响中恢复过来。卢旺达的教育改革面临着诸多挑战,教师教育压力尤为巨大。提升教育的公平和质量,将是决定卢旺达市场经济是否成功的关键因素。为了充分提高教育质量,卢旺达教育部门正在采取措施改革教师教育,并将其划分为两个层次——教师培训学院培养小学教师,教育学院培养中学教师。长期以来,卢旺达一直有一个梦想,那就是通过大力加强教师培训学院建设,培养更有能力、更合格的专业教师,培育有才华的公民,从而提升国家经济社会建设的服务水平和能力。

2016 年,教育部通过一项全国性方案:实施学校导师计划以提升学校教师的教学能力。在此背景下,每所学校都任命了本校的导师,以支持学校教学和学习实践。卢旺达全国共有八百多名导师,这些导师互相学习,彼此支持。导师除承担教学职责之外,还需要平衡自己的多重身份,与其他教师分享知识,帮助其他教师持续提升专业发展能力。在联合国儿童基金会支持下,卢旺达的学校导师接受了培训,彼此进行互动交流,共同致力于促进和提高其他教师的教学能力,教导他们树立以儿童为中心的教学理念,以及学习和使用不同的教学方法。

四、中长期教育发展战略规划

2000 年,联合国制定了千年发展目标。目标包括消灭极端贫穷和饥饿,普及小学教育,促进男女平等并赋予妇女权利,降低儿童死亡率,改善妇幼保健,与艾滋病、疟疾和其他疾病作斗争,确保环境的可持续发展,全球合作促进发展等。在千年目标的指引下，卢旺达政府出台了一系列中长期发展规划文件，如关于卢旺达经济发展和消除贫困的"2020年愿景"、《经济发展和减贫战略》、《2013—2018 年教育战略计划》、《2018—2023 年教育战略计划》等。其中，2002 年 6 月出台的《经济发展和减贫战略》较为系统、全面地对卢旺达学前教育、基础教育、高等教育、职业教育、成人教育、女童教育以及学校预防艾滋病方案等多个领域做出了细致规划。

（一）学前教育

学前教育的目标是推动幼儿智力和社会发展，为基础教育打下坚实的基础。大量单亲或留守儿童家庭限制了卢旺达妇女就业和儿童入学机会，妇女们需要留在家中照顾年幼的孩子。儿童早期护理与发展计划致力于为这些家庭提供学前教育设施，提高妇女就业率，以便让更多的孩子能够上学。

儿童早期护理与发展计划的具体措施有：（1）2003 年制定了幼儿保育和发展政策，为教师培训提供适当的课程以及学习材料；（2）根据教学大纲提供适当的学习材料；（3）鼓励私营部门、教会和社会民间组织参与到幼儿保育和发展的相关活动中来。

（二）基础教育

初等教育的具体措施有：（1）政府持续支持教师培训；（2）对课程进行评估和审查，努力降低辍学率和留级率，到 2010 年实现普及初等教育、2015 年实现全民教育；（3）增加教科书供应，为学校提供资金，通过非工资性投入购买教科书并提高其供应量，提高初等教育质量；每年为 1/3 的学生提供六门学科的教材；（4）从 2002 年起，对在校学生的受教育程度进行监测；（5）针对特定社区解决具体困难，提高初等教育的入学率；（6）特别关注学生科学和技术能力的发展。

中等教育的具体措施有：（1）在教师培训中适当采用远程学习等手段；（2）从2002年开始定期对课程进行修订；（3）政府将增加图书和实验室设备的开支，以及实训室建设和其他设备的开支；（4）为最贫困家庭的儿童提供更多进入公立中学的机会；（5）重视女童的科技教育。

（三）高等教育

高等教育的具体措施有：（1）继续提高高等教育的投入，尽可能筹募私人资金，获得政府经费支持；（2）对高等教育经费使用进行督查，2002年开始实行费用分担机制，实行学生贷款计划，并提高学生的偿还能力；（3）加强高等院校与减贫有关的研究、咨询和服务。

（四）职业教育

职业教育的具体措施有：（1）重建县级培训中心，配齐配足相关设施配备，并提供相应师资；（2）建立职业教育与企业合作机制，提高教育的匹配度；（3）政府将与私营部门协商，制定激励措施，鼓励私营部门提供培训，实施学徒计划；（4）在那些没有技术学校的省份建立一所技术学校。

（五）成人教育

成人教育的具体措施有：（1）做好与负责扫盲和教育的非政府组织和其他合作伙伴的沟通与协调；（2）提高教材投入，尽可能提高国家教育普及水平；（3）2003年开始对全体小学教师进行教育轮训。

（六）女童教育

卢旺达女童入学和就学存在许多障碍，如入学率落后于男童、女童就学期间经常受到同龄人和教师的性骚扰、对女童的社会期望不高等。发展女童教育采取的具体措施有：（1）所有教师都将接受性别敏感方面的培训；（2）促进性别敏感运动和以社区为基础的讨论，提高社会对女童教育重要性的认识；（3）提高受训女教师的数量，并树立榜样；（4）提供宿舍、厕所等必要设施来改善女童的学习环境；（5）为来自贫困家庭的女童提供奖学金计划；（6）对女童教育进行研究，搜集相关定性和定量数据。

（七）残疾儿童教育规划

2019年，卢旺达针对特殊需要人群实施全纳教育的计划获得内阁批准。这是一个巨大的进步，因为该计划强调采取措施扩大特殊需要人群与残疾群体的入学机会，并为他们提供高质量的教育。特殊需要人群教育与全纳教育计划共有5个总目标和21个预期子目标。其中，总目标一是改善残疾人群和有特殊需求教育人群的入学机会，提高其在校率和毕业率。总目标二是提供支持性服务，包括确立特殊教育的评估工具与程序。总目标三是着重培养特殊教育与全纳教育教师和其他专业人员的相关能力。总目标四是通过提供充足的教学资源，强调提升特殊教育与全纳教育服务水平。总目标五是关注在学校、课程和培训计划中推广使用包容性的与儿童友好相处的方法。

（八）学校预防艾滋病方案

卢旺达教育部门将艾滋病预防的相关知识教学纳入学校课程。目标有二，一是防止艾滋病在学生和教师中传播，二是为被感染和受艾滋病影响的学生和教师提供社会支持和关怀。为了提高应对艾滋病挑战的能力，卢旺达在省级层面专门成立了艾滋病预防教育中心。主要采取的具体措施有：(1)从2002年开始，将艾滋病教育和咨询纳入学校课程和教师培训中；(2)开展以青年为目标的艾滋病预防宣传活动；(3)建立中学和大学的抗艾滋病俱乐部；(4)投入专项经费，开展关于艾滋病的影响研究。

第二节 挑战和对策

一、面临的挑战

（一）参与度不足

在卢旺达教育政策的制定过程中，存在各方参与度不足的问题。吉卡比地区教育官员的报告认为："教育质量低下的原因之一是政策主要由上级部门制定，规划过程中没有教师参与，但是又强迫他们去执行。在通常情况下教师会执行这些政策，因为他们害怕违法或者担心不执行可能会给自己带来一些不良的后果，而不是因为他们内心愿意。"地区教育官员、家长、教师等都是教育政策实施的利益相关者，但他们明显参与不足，缺乏内在动力。决策者没有充分听取各方意见，包括教师、学生和家长等的呼声，这很可能导致政策脱离实际和缺乏可行性，无法真正解决实际问题。

（二）资金不足和分配不均

卢旺达教育政策的制定和执行也面临着教育经费不足和教育资源分配不

均的问题。例如,卢旺达幼儿园每间教室的平均学生人数是 41 人,但这一比例因学校条件、地区、部门和所在区域而异,恩戈马、尼亚鲁古鲁、尼安萨和恩戈罗等区的比例最高,而鲁巴武、加萨博、尼亚鲁根格、基库基罗、布杰塞拉等区的比例最低。[1]。

(三)政策协调不足

卢旺达教育领域存在不同政策之间缺乏协调的问题。不同部门和机构各自制定教育政策和计划,导致政策缺乏一致性和连续性。教育部门与其他相关部门(如卫生部门和社会福利部门)之间的合作和协调也不够紧密,导致残疾儿童群体和其他特殊群体的特殊需求无法得到充分满足。

二、应对之策

首先,提高政策制定各方的参与度,广泛征求教育利益相关者的意见和建议,充分研究和调研,组织召开各种讨论和咨询会议,确保政策制定过程中各方积极参与,意见能得到充分的尊重和考虑。

其次,加大对教育的投入,并确保资金的合理分配。这包括制定具体的预算计划,优先考虑贫困地区和农村地区的教育投资,以确保教育资源的公平分配,减少地区之间的差距。

最后,加强各部门和机构之间的协作和合作,建立教育政策协调机制,确保教育政策的一致性和连续性,建立定期的政策评估和监测机制,确保政策的有效实施并能做到及时调整。

---

[1] 资料来源于《2018 年卢旺达教育报告》。

第十一章 教育行政

卢旺达教育行政部门关系比较错综复杂，自上而下大体上包括中央政府、教育部、半自治机构、区教育局、学校管理机构五个层次，在中央政府和专门负责教育事务的教育部之下，还设有众多半自治机构，这无疑影响了卢旺达教育行政的效率。

第一节 中央教育行政

一、中央教育行政职责[1]

卢旺达教育工作目前由五个部委负责管理。其中，教育部承担主要责任，并在国家经济发展和减贫战略中被指定为教育工作的牵头部门，负责教育政策制定、教育过程监测和教育质量评估等工作。其他参与卢旺达教育事务的四个部委是地方政府部、公共服务和劳动部、财政和经济计划部、卫生部。

卢旺达教育部为各级各类教育部门制定政策、规范和标准，并在国家层面进行规划、监测和评价。地方政府部负责执行国家下放的教育职能，管理

---

[1] 资料来源于卢旺达《2010—2015年教育战略计划》。

种族灭绝幸存者援助基金和社区发展基金，分发并监督教师工资执行，实施"2020年愿景边境地区保护方案"等。公共服务和劳动部负责制定教师工资标准和管理所有教师。卢旺达教育改革后，该职责逐渐让渡给卢旺达基础教育委员会。财政和经济计划部负责制定各种教师政策和规划框架，监督财务规划、中期支出框架、经济发展与减贫战略和长期投资框架的执行，在绩效评估和监测预算执行、处理全民教育快速通道倡议、接受基金赠款方面发挥着重要作用。卫生部负责所有教育机构的卫生专业人员培训和工资支付，制定与保健、营养和预防艾滋病等问题有关的各种教育方案。

二、半自治教育部门

半自治教育部门是根据卢旺达议会法案设立的公共机构，它们隶属于教育部，享有行政和财政自治权，包括卢旺达基础教育委员会、国家考试和学校检查委员会、卢旺达职业技术教育与培训委员会、卢旺达理工学院、高等教育委员会、卢旺达大学和卢旺达联合国教科文组织全国委员会7个附属机构。[1]

（一）卢旺达基础教育委员会

卢旺达基础教育委员会的任务是为幼儿园、小学、中学、专门学校和成人扫盲学校开发课程、教材、教师指南和制定教学方法；在E-Learning Africa[2]框架下实施和监督基础教育的E-Learning计划；提升基础教育中信息和通信技术使用水平；协调计划和活动，以确保教师专业发展、能力建设和督导管

---

[1] 资料来源于卢旺达教育部官网。
[2] E-Learning Africa 计划是一个由信息与传播技术支持的教育和培训活动，得到包括教育工作者、培训人员、技术专家、政策制定者和投资者在内的专业人士的支持。卢旺达是该计划成员之一，第15届ICT教育、培训和技能发展国际会展（eLA2022）在卢旺达首都基加利的会议中心举行。

理；为制定教育政策做出贡献；加快基础教育建设并协调各种活动，向全体国民提供优质教育，并就如何加快卢旺达基础教育发展向政府提出意见和建议。卢旺达基础教育委员会下设信息通用技术局，教师发展、管理和职业指导与咨询局，课程、教学与学习资源局。

1. 信息通用技术局

信息通用技术局致力于利用世界一流的教育技术工具和资源，创新教育，创造知识，降低成本，提升效益和潜力，深化 21 世纪的信息学习技能。信息通用技术局的职责是提供各种现代学习设备和云解决方案，确保学校网络连接顺畅，利用现代信息技术进行数字化内容开发。

2. 教师发展、管理和职业指导与咨询局

教师发展、管理和职业指导与咨询局的任务是组织与协调各种计划和活动，提升教师专业发展能力，做好教师管理，促进教师专业发展。此外，其职责还包括提升部门形象、在部门内外建立良好的工作关系，教师招聘和安置的准备和监督，教师资格证书审批，教师岗位培训和持续教育管理，师范教育、教师专业发展和管理预算，与高等教育委员会就教师培训机构认证和计划执行进行联络以及为教育政策制定做出贡献。

3. 课程、教学与学习资源局

课程、教学与学习资源局的职责是为幼儿园、小学、中学、专门学校和成人扫盲学校开发课程、教材，制定教师指南以及推广教学方法。其具体任务是在卢旺达基础教育委员会的领导下开发高质量的国家课程和教科书，制

作、印刷电子图书并分发给上述所有学校；提高基础教育阶段学生在科学、技术、工程和数学（STEM）方面的成绩，并确保 STEM 相关知识能正确应用，从而推动相关经济社会发展；开发无障碍互动多媒体教科书，调整课程和教材，以有效满足学习者的各种需求；加强研究，开发各级各类教育并提供高质量的学习资源和教材教辅工具。

（二）国家考试和学校检查委员会

国家考试和学校检查委员会的主要职责是确保基础教育和中等技术学校的教育质量，规范学生综合评估和国家考试。该机构下设基础教育和职业技术教育与培训质量监督保障局、基础教育和职业技术教育与培训考试局以及基础教育和职业技术教育与培训质量标准局三个附属机构。

1. 基础教育和职业技术教育与培训质量监督保障局

该机构承担以下具体职责：（1）制定、实施基础教育和职业技术教育与培训质量有关行动计划，并做好协调与监督；（2）根据质量认证和保障标准、规范和指标，协调和监督基础教育和职业教育与培训机构、科目、组合、职业及其类别的检查报告的执行情况；（3）根据认证和质量保证标准、规范和指标，协调和监督基础教育和职业技术教育与培训机构及利益相关者的指导和质量管理规定的实施；（4）协调和监督质量评估、指导和咨询的沟通和数据管理；（5）与卢旺达基础教育委员会、职业技术教育与培训委员会、卢旺达各地区和部门合作提升督导员的能力和水平；（6）加强与卢旺达基础教育委员会、职业技术教育与培训委员会、卢旺达各地区部门以及基础教育和职业技术教育和培训机构之间在质量检查、指导和咨询方面的沟通和协作；（7）向上级主管部门提供有关基础教育和职业技术教育与培训质量保障技术和专业建议；（8）向利益攸关方传达基础教育和职业技术教育与培训认证和质量保障程序、指导方针以及其他决议和政策文件；（9）为制定认证/质量保障标准、规范、准则和指标提供经费。

2．基础教育和职业技术教育与培训考试局

该机构承担以下具体职责：（1）管理和协调所有与考试、选拔、评估和认证相关的活动；（2）制定与考试、选拔和评估相关的政策、原则、程序和准则；（3）确保有关考试、选拔和评估的法规和决议在董事会得到实施；（4）确保教育服务与国家、地区可持续发展目标的高度契合和效率；（5）与国家相关部委、各类机构和国际组织就有关考试、选拔和评估事项进行合作与协商；（6）为高等院校提供准大学生的学年成绩清单；（7）为考试项目库编制试卷。

3．基础教育和职业技术教育与培训质量标准局

该机构承担以下具体职责：（1）贯彻并确保基础教育和职业技术教育与培训有关规范和标准的法律、政策和法规的实施；（2）编制并实施基础教育和职业技术教育与培训质量标准局年度行动计划，向主管部门提供有关基础教育和职业技术教育与培训规范和标准的技术和专业建议；（3）制定学校认证和质量保障的标准、规范、指南和程序，并对实施过程和结果进行评估；（4）确保督导员在优先领域的规划、组织、协调、视导等能力建设；（5）发现典型学校，并将其规范、程序和做法及时宣传与推广；（6）撰写并定期提交关于基础教育和职业技术教育与培训规范和质量标准报告；（7）执行主管部门分配的其他任何任务。

（三）卢旺达职业技术教育与培训委员会

卢旺达职业技术教育与培训委员会的任务是组织实施各级各类计划、项目和活动，以促进卢旺达职业技术教育与培训的快速发展，不断提高就业率和就业水平。该机构下设培训管理局、课程和教学资料开发局、数字技术局三个机构。

1．培训管理局

培训管理局的主要任务有：贯彻执行各类标准；各类人员的培训和就业；学校基础设施建设以及现场指导；职业指导；加强与行业企业联系，并将成果及时孵化和生产；培训人员的追踪调查；避免性别歧视，将女性纳入职业技术教育与培训等。同时，该部门还承担着监督和管理特殊学院的职能。

2．课程和教学资料开发局

课程和教学资料开发局的主要职责是编制、开发职业技术教育与培训的各种课程和教学资料，并做好修订和检测；与技术专家小组合作，根据劳动力市场需求的不断变化，及时评估职业技术教育和培训各类课程的有效性。同时，与技能委员会、专业机构和行业进行专门合作，将职业标准运用于课程开发之中；负责编制培训人员手册，设计、开发技术教育和职业培训的其他教学辅助工具，并做好监测与评估等工作。

3．数字技术局

数字技术局旨在向普通职业教育学习者或培训者教授和传播通用信息技

术。数字技术局的主要任务是在职业技术教育与培训学校内建立数字基础设施，做好信息通信技术网络的管理和维护；与负责课程开发的部门合作，将已开发的所有课程和相关教学材料转化为数字内容，并使学习者和培训者都能轻松在线访问；加强智能教室、虚拟实验室等建设，确保职业技术教育和培训与新兴教学技术的深度融合。

（四）卢旺达理工学院

卢旺达理工学院下设教务处、数字资源局、课程开发局、组织发展和资源开发局。

1. 教务处

教务处是招生和培训管理的机构，协助处理所有学生申请、入学、注册、毕业事宜，以及卢旺达理工学院内部面向学生的所有学业服务。其他职能还包括公布教学日历、教学评估时间表、成绩报告和课程安排；为离校毕业生提供协助，如学位认证和提供成绩单复印件等。

2. 数字资源局

数字资源局负责卢旺达理工学院所有信息通信技术活动的组织、实施和监督，包括数字技术开发、数字基础设施和链接、信息管理系统开发和教学技术运用等。

3．课程开发局

课程开发局的愿景是提供标准化的优质职业技术教育，使学生能够获得就业或创业机会，提升其在劳动力市场上的竞争能力。课程开发局的主要任务有：（1）研发职业技术和教育课程，经主管部门批准后供各级各类职业技术培训使用；（2）提供以科学和技术为基础的技术教育和职业培训，向学员传授科学和技术知识，使学员获得足够的就业机会，为国家经济发展做出贡献；（3）提升技术和职业领域研究和技术开发水平，通过成果转化促进国家经济发展；（4）参与技术和职业领域的知识创新和交流；（5）促进教育、文化发展以及卢旺达整体价值观的形成；（6）为各领域从业人员提供在职培训，不断提升其岗位技能和社会适应能力；（7）为技术和职业教育机构教学和研究人员提供培训、设计方案，并组织各种活动，提升其知识和技能水平；（8）在力所能及范围内，为与国家发展有关的其他问题提供解决方案；（9）在职责范围内，加强与其他国家、区域和国际机构的交流与合作。

4．组织发展和资源开发局

组织发展和资源开发局负责颁发职业技术教育与培训的文凭，开发、修订高级文凭课程，监测和评估实施情况，并确保计划执行的质量。

（五）高等教育委员会

为了支持并顺利推进高等教育改革，卢旺达政府成立了高等教育委员会。高等教育委员会的使命是提高高等教育质量，为高等教育机构提供适宜的教育方式，并确保高等教育机构毕业生为增进卢旺达居民的福祉而努力奋斗，为国家经济社会发展做出贡献。

卢旺达高等教育委员会下设学术质量、认证、标准与资格框架局，政策、规划与奖学金管理局，行政与财务局三个部门，它们职责分明，各司其职。

学术质量、认证、标准和资格框架局主要负责领导制定政策和实施，确保所有高等教育机构按标准运行。此外，该局还对卢旺达高等教育的学术质量和标准负有协调和监管责任。该局具体职责如下：（1）就高等教育质量和标准有关事项向高等教育委员会提出建议，对私立高等教育机构办学经营进行审查，监督《高等教育资格框架》的实施情况，并确保《行为准则》等法规的执行；组织和监督国家咨询建议建设方案的实施，促进高等教育的转型；按照教育规划，对高等教育课程进行年度评估；参考国外高等教育入学标准，对卢旺达高等教育的最低入学要求提出建议，规定高等教育学习时间；领导制定政策并付诸实施，向高等教育委员会提供质量报告，确保高等教育质量。（2）对高等教育委员会的工作进行协调和监督，确保高等教育质量和标准执行，与卢旺达各地区以及国际高等教育质量保证机构保持合作关系；为高等教育机构组织教育质量提升培训，提升教学质量；监测高等教育基础设施和设备标准，确保基础设施完善；定期监测高等院校教职员工的学历资质和教学能力；为高等教育机构教师专业发展提供支持，不断改进绩效和创造教师进修机会；定期检查高等教育机构的学校章程。

政策、规划与奖学金管理局由局长领导，并向高等教育委员会领导人负责。该局负责整个部门政策制定和战略规划，并开展必要的研究和信息收集，为高等教育部门决策提供参考。该局还负责高等教育委员会全球范围内政策、规划、奖学金和基金管理以及质量和标准相关事项的宣传工作，同时还负责所有高等教育机构向高等教育委员会提交的学校发展规划的监督和审批。

行政与财务局主要职责有：高等教育委员会预算（普通预算和发展预算）的制定、执行、监督和协调，员工招聘和选拔，员工职业发展规划和能力建设，高等教育机构教师绩效管理，管理人员薪资薪酬管理，办公物资和资产管理、监督与协调，中央秘书处各种活动的组织、监管与协调。

（六）卢旺达大学

卢旺达大学下设 6 个学院，分别是艺术与社会科学学院，教育学院，科技学院，医学与健康科学学院，商业与经济学院，农业、动物科学与兽医学院。

卢旺达大学的使命与愿景是：通过教育改革和创新来支持国家经济社会发展，追求卓越的学术标准，为学生就业和发展做准备；成为地区、全国乃至全球领先的大学，以培养富有进取心的毕业生为己任，建设一个更加公正和可持续发展的社会，并通过一定的创新来提高人们的生活质量。

卢旺达大学的目标是：（1）开发卢旺达急需的跨学科、问题研究项目；（2）整合来自世界各地的科技资源；（3）确保学生具备就业所需的胜任力、创业与职业规划能力；（4）通过国内和国际援助学习，使学生做好为社会和国家服务的准备；（5）根据卢旺达的发展需求，建立以循证为导向、以解决问题为重点的应用研究中心；（6）发展成人教育，提升成人知识和技能水平。

（七）卢旺达联合国教科文组织全国委员会

卢旺达于 1962 年成为联合国教科文组织成员。根据卢旺达总统令，卢旺达联合国教科文组织全国委员会于 1975 年 6 月 9 日成立，但直到 1976 年 6 月 24 日，委员会所有成员才被正式任命并开始工作。卢旺达联合国教科文组织全国委员会第一次会议于 1976 年 12 月举行。

卢旺达联合国教科文组织全国委员会的任务是促进本国和平与民族相互理解，就联合国教科文组织的活动向政府提供咨询，向公众宣传联合国教科文组织的目标、计划和工作，倡导教育公平和道德团结。其核心职能是就联合国教科文组织的事务向卢旺达政府提供专家分析和政策咨询，制定和支持联合国教科文组织优先事项的实施计划，宣传和改善联合国教科文组织的目标和计划执行状况，保障卢旺达作为联合国教科文组织成员的国家利益。

第二节 地方教育行政

一、地方教育行政主管部门

卢旺达《地方政府法》（2013年）规定，地方政府管辖下的地区行政部门负责提供教育服务。卢旺达政府、教育部、公共服务和劳动部以及基础教育委员会在地区层面的教育规划实施在很大程度上取决于地区行政部门对教育的重视程度。地区发展规划规定了地区优先发展事项和资源分配情况。地区教育官员由地区行政部门聘用，并接受地区行政部门委派的教育主任的管理。在每个地区，根据教育主管所从事工作的层次和类型，教育主管分为学前教育和小学教育主管、中学教育主管、职业教育主管和教育基础设施主管。

地方教育官员积极参与区内教育与培训的规划、实施及监督工作，主要职责有：一是编制地区五年教育发展规划和地区三年教育战略计划；二是执行教育政策和战略规划；三是编制教育经费预算；四是评估教育培训活动；五是教学人员的招聘、安排及薪资发放；六是通过教育部向基础教育委员会提供在职教师信息；七是提供教育统计数据；八是调配与调动同一区域内教师、培训人员和学生；九是追踪非政府组织举行的各种教育活动，并向教育部呈交报告；十是监管学校财务报告、人均补助金使用、教师工资发放以及学校供餐情况。

二、其他地方教育行政组织

教育不仅仅由教育部和地区行政部门来负责，除了二者之外，卢旺达在学校层面也成立了相关机构，在教育中发挥着关键作用。

（一）基础教育九年制学校

为了快速推进九年制基础教育计划，卢旺达将一些小学改制为九年制学校，一体化提供九年制基础教育，其中小学 6 年、初中 3 年。同时一些初中也被整合为九年制学校。学校成立了家长-教师协会，帮助学校制定规划并筹集经费。学校还成立了一个更具竞争性的家长-教师委员会，以提升家长在学校发展改革中的参与度，确保家长对学校经营状况，特别是经费使用的有效监督。此外，家长-教师委员会也致力于监督教育部门制定的各项政策规划在学校的落实落地，帮助学校形成自我监测和评估机制。

（二）职业教育理事会

公共服务和劳动部设有一个理事会，成员由来自公共机构和私营机构的代表组成。职业培训中心和技术学校的管理方式与学校类似，需要私立教师协会与校长密切合作。综合理工学院区域中心由一名校长和一名副校长半自主管理，由财务和采购官员提供支持，但总体预算由公共服务和劳动部、教育部、财政和经济计划部共同确定。

（三）高等教育董事会

高等院校设有董事会，并由学校学术委员会就学术和战略问题提供咨询。日常管理由一名校长和一名主管学术的副校长以及一名主管财务和行政的副校长负责。管理团队由院长、主任和系主任组成。私立大学也有类似的结构，只不过它们是由包括所有者或创始人在内的董事会管理的。公立大学的资金来自教育部提供的预算，但这只是整体预算的一部分，此外还有学费、咨询费、合作伙伴捐赠、非政府组织和基金会捐赠，以及公共或私人伙伴的活动创收。

第三节 教育行政面临的挑战

一、中央与地方协同能力不足

卢旺达许多地区没有制定地区教育战略计划，在许多地区发展规划中，很少有地区提到加强教育基础设施建设以外的教育发展举措，这就导致卢旺达许多地区发展规划无法与教育部教育战略的目标和重点发展事项相协调。此外，卢旺达实行问责制，将决策权下放到地区和学校，但根据《2016年卢旺达教育战略规划》早期评估的一项报告显示，卢旺达的地区和学校一级的治理和问责制建设力度不足。教育建设的责任在很大程度上偏重于地区管理者，中央政府机构对其影响力有限。

二、地方教育行政部门执行能力差

卢旺达教育行政大体可以分为三个层面：基础层面属于学校层面的管理，由校长和主任领导；中间层面实行学校与中央教育行政机关相结合的管理，地区、省，甚至国家督察员都参与进来；最高层面是国家政策制定和教育行政层面，这一层面责任最大，包括设计、协调、规划和政策制定等内容。[1] 卢旺达政府一直高度关注教育规划，与非洲其他国家相比具有显著优势，但由于县一级的执行能力不足，各利益攸关方之间缺乏凝聚力，不能保证教育部门的规划有效地贯彻执行，因此在中央一级确定的优先事项可能不会转化为地方一级

---

[1] BUGINGO E, VERDUIN J R. A conceptual framework for preservice programme development in educational administration: a case application for the Republic of Rwanda's education system[J]. Journal of educational administration, 1990, 28(3): 31.

的投入与行动，政策不同的落实程度加剧了各地区之间的教育不平等。

三、教育行政工作跨部门协作难

卢旺达教育面临着众多领域的挑战，如性别教育、艾滋病预防、学校基础设施建设等，需要政府不同部门去和其他利益相关方进行密切合作，以确保一致性。在实际工作中，卢旺达跨部门协作需要各部门之间进行信息共享和沟通，但往往存在信息共享不畅的情况。信息孤岛和信息壁垒会导致信息不对称和难以及时获取所需的信息，从而影响协作效率。对此，卢旺达在《2018/2019—2023/2024财年教育战略计划》中也明确提出要促进政府部门之间的协调和信息共享，成立相关协调委员会和工作小组，以改善跨部门协作难的状况。

四、政治目标与实现之间的冲突

在卢旺达，教育优先事业既具有政治性，也具有发展性。[1] 卢旺达为了实现促进民族身份认同和融入国际社会的政治目标，采取了一些非常具有前瞻性的措施，例如实行多教育语言政策，在将卢旺达语作为共同语言的同时，将英语教学引入课堂。但政府目标与大多数卢旺达人的现实生活差距明显，政府采取的措施虽然有助于加强民族认同，但城乡差距和贫富差距致使教育公平和效率之间仍存在冲突。如何在追求经济高速发展的同时，找到教育公平与效率之间的平衡，让全体卢旺达人真正接受高质量的教育，这是卢旺达

---

[1] WILLIAMS T P. The political economy of primary education: lessons from Rwanda[J]. World development, 2017, 96: 550-561.

教育行政亟待解决的核心问题。

五、资金不足

教育财政经费对于保障教育的发展和提高教育质量至关重要。卢旺达《2018/2019—2023/2024 财年教育战略计划》显示，2022 年，该战略实施总预算的融资缺口占比为 23.3%，巨大的经费缺口难以维系庞大的教育行政人员队伍，不利于教育的长期发展。

第十二章 中卢教育交流

中卢两国友谊源远流长。自1971年11月中国与卢旺达建交，两国便一直保持友好合作关系。种族大屠杀时曾一度中断，但卢旺达新政府执政后恢复了与中国的关系，此后两国一直保持着友好合作的关系。

第一节 交流历史、现状和原则

一、交流历史

卢旺达与中国的交流与中非合作关系发展基本同步。中非教育事业交流相比要早一些，双方努力克服语言和文化上的障碍，加深互相理解。在此情况下，中卢两国教育交流也相继开展起来。

（一）卢旺达独立后至1994年的文化教育交流

卢旺达获得独立后不久，中国与卢旺达建交，为教育交流奠定了基础。从1976年起，中国每年向卢旺达提供高校奖学金名额，包括理工、农学、水利、建筑、化工、纺织等十几个专业。[1] 通过高校奖学金计划，中国为卢旺达学生提供了在中国大学接受高等教育的机会。奖学金计划对于卢旺达学生来说是宝贵的机会，不仅使他们在中国教育体系下学习专业知识，提高自身的专业技能和综合发展能力，而且也为卢旺达的人力资源储备做出了重要贡献。

1983 年，中卢两国签署《中华人民共和国政府和卢旺达共和国政府文化和科学合作协定》，合作协议的内容十分广泛，包括教育经验交流、留学生互派、教师异国任教、中卢文化交流、文化与科学合作等。这份协议确立了中卢教育交流与合作的框架，使两国的教育交流逐渐扩大和深化，为卢旺达教育水平提高和经济社会发展提供了重要机遇。

（二）1994 年以来的文化教育交流

1994 年，卢旺达新政权成立，中卢关系恢复，两国教育交流也逐渐恢复并进一步加强。2005 年 11 月，卢旺达教育科技科研部负责高等教育的国务秘书穆贾瓦马里亚·让娜·达尔克女士来华与中方签署《中华人民共和国教育部与卢旺达教育、科学、技术及科研部合作协议》等文件[2]，双方同意建立长期、稳定的伙伴关系，并进一步深化在教育领域的合作。2009 年 6 月，中国在卢孔子学院举行揭牌仪式，中卢两国在教育领域的合作进入新的历史时期。孔子学院除为当地提供中文课程外，还开展系列文化主题活动，为卢旺达学生和其他对中国感兴趣的人提供中文学习以及文化交流的机会。2010 年，中卢签署《中国和卢旺达政府文化合作协定 2010 年至 2012 年执行计划》，旨在增进中卢两国人民之间的相互了解和友谊，提升中卢两国的文化交流水

---

[1] 商务部国际贸易经济合作研究院、中国驻卢旺达大使馆经济商务参赞处、商务部对外投资和经济合作司. 对外投资合作国别（地区）指南 卢旺达（2021 年版）[R/OL].（2022-01）[2023-09-25]. http://www.mofcom.gov.cn/dl/gbdqzn/upload/luwangda.pdf.

[2] 商务部国际贸易经济合作研究院、中国驻卢旺达大使馆经济商务参赞处、商务部对外投资和经济合作司. 对外投资合作国别（地区）指南 卢旺达（2021 年版）[R/OL].（2022-01）[2023-09-25]. http://www.mofcom.gov.cn/dl/gbdqzn/upload/luwangda.pdf.

平和资源共享，共同推动文化事业发展，丰富两国人民的文化生活。2018年7月，中卢签署《中国和卢旺达政府文化和科学合作协定2018年至2020年执行计划》，执行计划进一步展示了中卢两国在文化和科学领域的合作意愿，明确了两国合作的方向并提供了强有力的指导。

进入21世纪以来，中国和卢旺达的合作关系不断深化，为两国和两国人民带来了实实在在的福祉，双方在各个领域特别是教育领域合作势头良好，为构建互利共赢的双边关系奠定了坚实基础。

二、交流现状

近年来中国和卢旺达各方面的合作和交流日益深化，中国已经成为卢旺达最大的贸易伙伴、最重要的投资来源地和发展合作伙伴之一。中国援建的卢旺达政府综合办公楼、北部省综合技术学校、马萨卡医院、基加利城市道路升级等项目，极大改善了当地教育、卫生、基础设施条件。中国政府还致力于与卢旺达政府深化在工业园区、矿藏勘探、信息通信技术、人力资源开发、执法、智库等领域的合作，帮助卢旺达加快工业化进程、推进经济结构转型、创造就业、消除农村贫困。[1] 双方教育合作交流进一步加快，特别是在学校基础设施建设、留学合作、培训项目、交流互访、中文教育等方面取得了长足进展。

（一）学校基础设施建设

1. 援建希望小学

自20世纪80年代起中国就开始援建卢旺达基础设施，卢旺达能容纳两

---

[1] 饶宏伟：开启中卢关系新时代[N]. 人民日报，2018-7-15（3）.

万观众的第一座国家体育场就是由中国土木工程集团有限公司援建的。2008年，中土公司在卢旺达北部省鲁林多区和东部省援建了希望小学，除了教室、教师办公室外，还有阅览室和标准篮球场。北部省省长视察鲁林多学校后，从卢旺达教育部争取到一笔经费，用于修建学生宿舍楼和食堂，将学校升级为高等女子职业技术学校，面向全国招生。东部省小学也效仿升级。这两所学校如今已经为卢旺达培养了一批又一批技术青年。[1]

中国援助卢旺达学校基础设施建设是中卢两国在教育领域的合作之一。中国援建学校改善了卢旺达中小学校的基础设施，提高了众多儿童的入学机会，为卢旺达基础教育的普及做出了重要贡献。

2. 援建职业技术学校

1993 年，我国援建卢旺达恩汤德齐农业兽医学校，这是我国在卢旺达援建的第一所职业技术学校。[2]

2012 年 8 月，中国援助的卢旺达职业技术学校项目对外施工合同签字仪式在基加利举行，卢旺达劳动力开发局局长和中国地质工程集团公司驻卢负责人分别代表中卢双方在合同上签字，中国驻卢使馆经商处代表以及当地媒体出席了签字仪式。援卢职业技术学校项目是落实中非经贸合作新八项举措项目之一，建设场址位于卢旺达北部省穆桑泽区。据穆桑泽职业技术学校校长、穆桑泽市议会主席埃米尔·阿巴伊森加介绍，自 2015 年学校投入使用以来，学生数量从最初的 170 名增加到现在的约 1 200 名。卢旺达全国共有 8 所类似的地区性综合理工学校，而穆桑泽职业技术学校的入学申请人数位列第二。

中卢两国政府还签署了穆桑泽职业技术学校扩建项目实施协议，并于 2021 年 11 月建设完毕移交。在中国援助的硬件设施再升级的同时，中方又与

---

[1] 资料来源于中国驻卢旺达大使馆官网.

[2] 刘井元. 我省援建的卢旺达共和国农业兽医学校竣工[J]. 黑龙江畜牧兽医，1994（7）.

穆桑泽职业技术学校拓展联合办学，帮助卢旺达人才培养"软件升级"。[1]

穆桑泽职业技术学校扩建后，教学条件和校园环境得到大幅改善，对于卢旺达培养本国技术人才、提升自主创新能力和实现"2050年愿景"相关目标具有重要意义。穆桑泽职业技术学校扩建项目是中国为卢旺达援建的教育领域的标志性项目，主要建筑包括行政办公楼、综合教学楼和学生宿舍等功能用房和附属设施。[2]

2017年7月，浙江省金华职业技术学院（以下简称金职院）和穆桑泽职业技术学校合作建立的卢旺达穆桑泽国际学院挂牌成立，下设汉语言学习中心和技能发展中心。金职院计划在调研基础上根据当地实际情况开展卢旺达紧缺专业的职业技术培训。此外，金职院每年还全额资助三名穆桑泽职业技术学校教师到金职院培训。金职院多年来支持卢旺达培养技术人才。2014年起，学校同卢旺达教育部合作，为卢旺达学生提供到金职院留学的奖学金，帮助卢旺达培养紧缺的技能型人才。[3]

卢旺达首都基加利的恒华职业技术学院成立于2018年，为卢旺达以及非洲大湖地区其他国家的青年提供挖掘机、铲车等重型机械操作维护、土地测量测绘等专业培训，学院学制分为三年制专业和三个月短期培训，目前在校生有154人。据学院中方院长介绍，学院结合国内优秀教学方式以及卢旺达本地情况，实行从理论、模拟、实际操作到实践的特色办学模式，这种模式得到了当地政府的认可。中国驻卢旺达大使馆经济商务处参赞王嘉欣表示，恒华职业技术学院扎根卢旺达，向当地人传授专业技能，真正实现授人以渔，帮助他们拓展就业机会，为中卢民间技术合作起到了良好的表率作用。[4]

2021年12月21日，中国和卢旺达签署了智慧教育项目政府间框架协议，进一步促进了卢旺达教育资源共享。该项目由华为技术有限公司具体实施，将为卢建设连接63个高等教育机构和1 437所中小学的教育专用网络，同时还

---

[1] 吉莉. 中国援助卢旺达综合技术学校扩建项目举行移交仪式[N]. 新华网，2021-11-26.
[2] 吉莉. 中国援助卢旺达综合技术学校扩建项目举行移交仪式[N]. 新华网，2021-11-26.
[3] 吕天然. 中国高校助力卢旺达职业技术教育[N]. 新华社，2022-7-17.
[4] 吉莉，黄万晴. 中国职业技术培训助力卢旺达储备技术人才[N]. 新华社，2022-7-13.

将为这 1 437 所中小学建设校园网。[1]

（二）留学合作

根据中国报道的档案显示，中国政府从 1976 年起逐步向卢旺达留学生提供奖学金来中国高校留学。早在 2004 年，北京理工大学与卢旺达政府签订了合作培养本科生协议，协议的主要内容是首批 30 名学生到北京理工大学学习，时间为五年半，其中前一年半为预科学习，补习中文和相关基础课，一年半后举行入学资格考试，通过考试者转入本科学习。[2] 2007 年，卢旺达政府选派的 23 名学生到北京理工大学报道注册，开始大学生活。随着卢旺达在华留学生规模不断扩大，2019 年，在华卢旺达应届毕业生创办了非政府性组织卢旺达-中国校友会，注册会员达到 706 人。校友会的任务是促进卢旺达和中国大学建立紧密的合作关系、提升会员协作和信息共享能力、提高会员的知识和教育水平、帮助卢旺达社区改善健康和教育水平。

据新华社报道，截至 2019 年，卢旺达在华留学生有 2 000 多名，表明中国在教育领域的优势和提供的机会对卢旺达学生的吸引力高涨，越来越多的卢旺达学生选择前往中国深造和学习，并与中国学生一同接受教育，这种留学经历为他们的个人和职业发展提供了更广阔的机遇。

（三）职业教育培训

中国与卢旺达合作，在技术领域为卢旺达工人提供培训，通过技术培训，卢旺达工人可以获得技能和知识，提高就业竞争力。例如，在基础设施建设

---

[1] 山东省对外投资与经济合作商会. 中国和卢旺达签署智慧教育项目政府间框架协议[EB/OL]. （2021-12）[2023-09-26]. http://www.sdsica.org/中国和卢旺达签署智慧教育项目政府间框架协议/.

[2] 北京理工大学新闻网. 北理工应邀参加庆祝中国-卢旺达建交 40 周年招待会[EB/OL]. （2011-11）[2023-09-26]. https://www.bit.edu.cn/publish/bit/xww/xwtt/a71613.htm.

行业或纺织厂，中方不仅提供就业机会，而且还提供旨在提高当地人知识和技能的培训项目。这些项目预计将创造200—1 000个就业机会，如行政办公综合体的建设就为当地人创造了约260个就业机会。除了工人培训，中国还为卢旺达提供职业教育培训。

2017年，金职院与卢旺达穆桑泽国际学院合作成立鲁班教育工坊，紧跟卢旺达人才需求，创新教学方式进行全面的知识培训。截至2022年，金职院鲁班工坊在卢旺达重点产业开展技能培训4 000人次，输出课程标准20个，其中2项专业教学标准被纳入卢旺达教育资格框架体系。[1]

三、交流原则

卢旺达作为非洲中东部地区国家，具有连接东非与中非地区的战略地位。2018年，卢旺达宣布加入"一带一路"倡议。加入"一带一路"倡议为卢旺达提供了机遇，促进了该国教育事业的发展。中卢两国的教育交流遵循教育部2016年提出《推进共建"一带一路"教育行动》的教育原则。

育人为本，人文先行。加强合作育人，提高区域人口素质，为共建"一带一路"提供人才支撑。坚持人文交流先行，建立区域人文交流机制，搭建民心相通桥梁。

政府引导，民间主体。政府加强沟通协调，整合多种资源，引导教育融合发展。发挥学校、企业及其他社会力量的主体作用，活跃教育合作局面，丰富教育交流内涵。

共商共建，开放合作。坚持共商、共建、共享，推进各国教育发展规划相互衔接，实现各国教育融通发展、互动发展。

---

[1] 金华职业技术学院金职新闻. 金职院"卢旺达鲁班工坊"入选全国首批鲁班工坊运营项目[EB/OL].（2022-08）[2023-09-26]. https://www.jhc.cn/2022/0829/c4549a146508/page.htm.

和谐包容，互利共赢。加强不同文明之间的对话，寻求教育发展最佳契合点和教育合作最大公约数，促进各国在教育领域互利互惠。[1]

第二节 卢旺达的中文教育

随着中国的经济崛起和文化影响力在世界日益增强，越来越多的外国人对学习中文表现出兴趣和需求。中国政府十分重视和支持国外中文教学的发展，通过在国外设立孔子学院、推动合作交流项目、提供奖学金和教育资源支持等方式，吸引外国学生来中国留学或学习中文，卢旺达概莫能外。

一、卢旺达中文教育现状

随着中卢两国关系的不断发展，中文在卢旺达教育领域逐渐受到重视和推广，卢旺达中文教育主要通过以下方式进行。

（一）孔子学院

中国政府与卢旺达政府合作设立的孔子学院，成为卢旺达中文教育的主要推动力量。2009 年 6 月 26 日，重庆师范大学和卢旺达大学共同举办的孔子学院正式揭牌，这也是迄今为止，卢旺达国内唯一一所孔子学院。2016 年，卢旺达大学孔子学院荣获全球"先进孔子学院"称号。截至 2022 年，卢旺达大学孔子学院在全卢境内有 14 个教学点，其中包含 1 个孔子课堂、7 个大学

---

[1] 中华人民共和国教育部. 教育部关于引发《推进共建"一带一路"教育行动》的通知[EB/OL].（2016-07）[2023-09-26]. http://www.moe.gov.cn/srcsite/A20/s7068/201608/t20160811_274679.html.

教学点、6个中学教学点。教学点中既有国立大学的，也有职业技术学院的；既有国际学校的，也有普通中学的；既有立足首都繁华之地的，也有位居偏远郊区的，目前常年在14个教学点学习中文的人数约5 000人。[1]

（二）教育交流与合作项目

中卢两国在教育领域开展了多种形式的交流与合作项目。例如，中国派遣教师赴卢旺达教授中文课程。2011年，华侨大学61名国际中文教师志愿者前往国外任教，其中就包括卢旺达。卢旺达学生也有机会参加中国的中文学习交流项目，如"汉语桥"比赛。"汉语桥"是一个国际性的汉语比赛，旨在促进全球范围内的中文学习和中华文化传播。第21届"汉语桥"世界大学生中文比赛和第15届"汉语桥"世界中学生中文比赛卢旺达赛区于2022年6月11日以在线形式举行闭幕式。本次比赛由中国驻卢旺达大使馆主办、卢旺达大学孔子学院承办，分为笔试、中文演讲和中华才艺展示三部分。经过激烈的角逐，来自卢旺达大学孔子学院的伊拉科·萨宾获得大学生组冠军，她还代表卢旺达大学生参加"汉语桥"世界大学生中文比赛总决赛。来自基加利职业技术中学的古米里扎·基尼获得中学生组比赛第一名。[2] "汉语桥"比赛通过激发学生的兴趣和动力，提高他们的中文水平和实践能力，促进了中卢学生之间的文化交流，对于推广中文学习和增进中卢友好关系具有重要的作用。

（三）汉语水平测试

中国汉语水平测试主要是指中国教育部中外语言交流合作中心主办的汉语

---

[1] 人民资讯. 中文教育助力卢旺达青年实现梦想[EB/OL].（2023-06）[2023-09-27]. https://baijiahao.baidu.com/s?id=1767750080152181454&wfr=spider&for=pc.

[2] 中华人民共和国中央人民政府."汉语桥"中文比赛卢旺达赛区比赛落幕[EB/OL].（2022-06）[2023-09-26]. https://www.gov.cn/xinwen/2022-06/12/content_5695297.htm.

水平考试（HSK），每个月举行一次考试。HSK 是全球范围内最具影响力的汉语水平测试之一，旨在评估非母语人士的汉语语言能力。为了提升卢旺达汉语教育水平，卢旺达开展了一些汉语水平测试和汉语教师资格认证考试。这些考试为学生和教师提供汉语水平评估和认证，以提高汉语教学质量。2023 年 7 月，卢旺达大学孔子学院顺利举办了该年度下半年第一场中文水平考试，本次考试涵盖了 HSK 1—6 级和 HSKK 初、中、高三个级别，共有 42 名考生报考。卢旺达大学孔子学院监考团队团结协作，密切配合，全部考试当日顺利完成。[1]

总的来说，中文教育的推广对于促进中卢两国文化交流、经贸合作以及人民之间的友好交往具有重要意义。卢旺达学生通过学习中文，不仅可以拓宽自己的语言技能，还能了解中国的文化、历史、经济和社会发展等方面的知识，为未来就业、职业发展和国际交往带来了更多的机遇。

二、卢旺达中文教育面临的挑战

（一）师资力量不足

在卢旺达，中文教师的数量相对较少，他们专业知识不足且缺乏经验。2018 年，卢旺达大学孔子学院公派老师、志愿者、本土老师总共 27 人。[2] 此外，由于志愿者教师每年更换，难以形成稳定的教师队伍，加之卢旺达本地师资力量不足，导致教学质量参差不齐，难以满足学生高质量的学习需求。

---

[1] 重庆师范大学国际汉语文化学院. 卢旺达大学孔子学院顺利举办下半年首场中文水平考试[EB/OL].（2023-07）[2023-09-27]. https://gjxy.cqnu.edu.cn/info/1034/3375.htm.

[2] 重庆师范大学国际汉语文化学院. 卢旺达大学教育学院孔子学院喜迎新教师欢迎会[EB/OL].（2023-07）[2023-09-27]. https://gjxy.cqnu.edu.cn/info/1034/1676.htm.

（二）教材和教学资源有限

中文教育在卢旺达刚刚起步，教材等教学资源严重不足。卢旺达大学孔子学院虽已开办了汉语和其他语言的双语师资学历项目，但这些课程的师资目前全部依靠其国内合作院校提供。[1] 中文教学教材还不能完全做到适合本地学生学习特点和文化背景，在某种程度上影响了教学效果。

（三）语言学习环境和实践机会有限

任何语言的学习最理想的方式是处于一个能够经常使用该语言的环境。然而在卢旺达，中文作为第二语言开设，学习者较少，学生也很难获得与中国教师交流的机会，学生很难在日常生活中获得充分的中文语言锻炼和实践机会。此外，卢旺达语和中文在语法结构、思维方式上差异巨大，在某种程度上增加了学习者理解和掌握中文的难度。例如，中文的语序、词汇和语法规则与卢旺达语有很大不同，这对那些想精通中文的学习者来说可能是个不小的挑战。

（四）学习动力和需求不足

卢旺达学生学习中文的动力和需求相对不足。一是在对中文学习的认知上，有 62.4% 的学生认为学习中文很难[2]，这在某种程度上影响了中文学习的积极性。二是在就业市场上，除一些中资公司外，卢旺达的就业市场并没有对中文能力做出明确的要求。本国的一些大公司和跨国公司更注重英语和法语等国际通用语言能力的要求，这进一步影响了学生学习中文的动力和需求。

---

[1] 曾广煜, 张荣建. 卢旺达的多语教育政策与汉语传播[J]. 重庆师范大学学报（社会科学版），2018（5）：100-105.

[2] 李妍. 卢旺达大学孔子学院汉语课堂教学研究[D]. 重庆：重庆师范大学，2020.

结　语

一、卢旺达教育发展的关键问题

纵观卢旺达教育发展的历史进程，可以将其分为五个阶段。第一阶段为殖民前的教育（1884年前），此时保留着原始的"乌鲁博赫罗"教育传统。第二个阶段为1884—1961年，此时卢旺达教育的本质仍然是带有种族歧视色彩的精英教育，只有很少的卢旺达人能接受教育，他们最终被培养为比利时政府的殖民工具。第三阶段为1962—1993年，独立后卢旺达政府采取了一系列改革措施，如实施全民基础教育，加强职业教育和民主教育。第四阶段为1994年种族大屠杀时的教育大破坏。第五阶段为1995年至今。这一时期，新政府全力推行公民教育，实施多语教育与语言政策，整合各种资源建立协同机制，并在教育质量提升方面做出诸多努力。卢旺达教育迅速发展，但教育质量和公平问题仍然突出。在卢旺达的教育发展历程中，教会和国际组织扮演了重要角色，致使卢旺达教育独立性有待进一步提高。卢旺达在国际援助背景下如何找到一条属于自己的教育内生发展之路，可能是目前乃至未来需要重点解决的问题。

二、卢旺达的教育信息化发展

《卢旺达教育战略计划》、"2020年愿景"、《经济发展和减贫战略》等多份文件支持现代教育信息技术的应用，特别是发挥 ICT4E [1] 对卢旺达教育的重要作用。

ICT4E 是实现全面教育的一种方式。为此，需要关注领导力、政策、教师职业发展、数字课程内容、ICT 基础设施、研究和评估、资源这几方面。卢旺达教育部的愿景是通过技术来加快教育的进步，并努力向以学生为中心和适应性的教育环境转变。目前的目标是，在教学中加快采用 ICT 工具、向电子教育资源转变、采用自适应学习方式、创造自我可持续模式。新冠肺炎疫情的突然爆发，使这一目标得以加速实现。

卢旺达政府正从以下方面做出努力：（1）让更多的小学、中学、技术教育培训机构和高等教育机构接入互联网；（2）尽可能地为每一所学校提供足额的计算机；（3）促进现代信息技术与教育学的深度融合；（4）尽可能地为中小学生提供课外补习和心理健康教育；（5）提高女童的入学率；（6）促进学习有障碍儿童的教育与普通教育；（7）实施"零校外"计划，不让一个孩子掉队。

目前卢旺达正在与中国政府合作，打造智慧教育网络，并将其推广至卢旺达 2 500 所中小学及职业院校。卢旺达也正在与卢旺达教育委员会和联合国教科文组织合作开发电子化测评平台，下一步将开始试点。除此之外，还将与韩国国际合作机构和非洲数学科学研究所合作，为教师提供 ICT 方面的培训，建立 ICT、数学、科学教师培训中心。

当然卢旺达的教育信息化建设也面临着一些挑战。乡村地区学校发展相对落后，特别是教育信息化建设举步维艰，如何让互联网覆盖这些学校是个难题，而且学校教师年龄相对较大，内心对技术比较抵触，教师的教育教学观念亟待扭转，其信息化素养也亟待提升。

---

[1] ICT4E 是 Information and Communications Technology for Education（信息与通信技术在教育中的应用）的简称。

三、中卢教育合作展望

卢旺达是"一带一路"建设的重要共建国，重庆师范大学在卢旺达建有孔子学院，浙江金华职业技术学院在卢旺达建有分院，中卢之间的教育合作日益加深。在中国不断加大对外合作力度的背景下，如何夯实基础、进一步深化教育交流至关重要。从这个角度来看，中方在合作中需要稳扎稳打，强调合作质量以获得来自合作国家及国际社会的积极评价。

第一，加强卢旺达留学生校友会建设，不断提升留学生培养质量。国内高校需与卢旺达高校建立长期、稳定的联系，为留学生提供更多信息，招收更多优秀留学生来华就读。在这个过程中，可进一步发挥孔子学院作为桥梁的语言预备功能，为即将来华的留学生提供基本的中文、中国社会概况和文化方面的教育与培训，同时也可为已经毕业归卢的留学生提供继续深入了解中国语言和文化的课程。

第二，设立中卢高校合作研究专项，加强中卢高校科研合作。鼓励中卢高校研究人员以访问学者身份到对方国家开展合作研究。升级中非高校"20＋20"合作计划，在一对一基础上形成"多对一、多对多"的合作格局。设立中非高校合作研究专项奖学金项目，为卢旺达等非洲国家研究人员提供到中国研究和学习的机会，对那些在华留学硕博毕业生，把他们培养成"知华、懂华、爱华"的中国问题研究专家。

第三，在卢旺达开展试点实验和合作研究，推动中国教育经验走向卢旺达。例如，在应对新冠肺炎疫情导致的停课以及弥补停课期间的学习损失时，中国在信息技术与教学有效结合方面为卢旺达提供了可资借鉴的经验。

在加强中非合作的背景下，中国可以为卢旺达教育发展提供有别于西方且经过实践检验的经验。当然，这些经验在卢旺达实现本土化的过程是一个重大的课题，需要具有国际视野的中国学者一方面通过实地研究，加大对卢旺达教育的研究力度，另一方面通过与国际学界的合作与交流，对卢旺达教育发展的历史和实践进行反思,为卢旺达教育发展提供多个维度的建议。

当然,卢旺达的教育部门和教育工作者也需要反思其教育现状,扎根本土,寻找属于自己的发展道路,不能盲目照搬其他国家的模式。

参考文献

一、中文文献

BEATRICE Y，曾广煜. 卢旺达语英语汉语词典[M]. 北京：中国文化出版社，2012.

陈建录. 南非职业教育研究[M]. 北京：外语教学与研究出版社，2023.

崔璨. 马达加斯加文化教育研究[M]. 北京：外语教学与研究出版社，2022.

冯增俊，陈时见，项贤明. 当代比较教育学[M]. 2版. 北京：人民教育出版社，2015.

付吉军. 利比里亚文化教育研究[M]. 北京：外语教学与研究出版社，2023.

顾明远. 顾明远教育演讲录[M]. 北京：人民教育出版社，2014.

顾晓燕，游滔. 加蓬文化教育研究[M]. 北京：外语教学与研究出版社，2022.

哈兹菲尔德. 铃羊战略[M]. 龙云，译. 南京：译林出版社，2010.

贺国庆，朱文富，等. 外国职业教育通史[M]. 北京：人民教育出版社，2014.

金泽. 千丘之国：卢旺达浴火重生及其织梦人[M]. 延飞，等译. 北京：世界知识出版社，2014.

勒马尔尚. 卢旺达和布隆迪[M]. 钟槐，译. 北京：商务印书馆出版社，1974.

李洪峰，崔璨. 塞内加尔文化教育研究[M]. 北京：外语教学与研究出版社，

2021.

李佳宇，万秀兰. 肯尼亚文化教育研究[M]. 北京：外语教学与研究出版社，2022.

李书红，黄晓亮. 突尼斯文化教育研究[M]. 北京：外语教学与研究出版社，2023.

刘长敏. 多重视角下的当代国际关系经典案例分析[M]. 北京：中国政法大学出版社，2013.

刘捷. 教育的追问与求索[M]. 北京：人民出版社，2021.

刘捷. 专业化：挑战 21 世纪的教师[M]. 北京：教育科学出版社，2002.

刘进，张志强，孔繁盛. "一带一路"高等教育研究（2019）：国际化展望[M]. 北京：北京理工大学出版社，2020.

卢晓中. 比较教育学[M]. 北京：人民教育出版社，2020.

陆庭恩. 非洲问题论集[M]. 北京：世界知识出版社，2005.

陆有铨. 教育的哲思与审视[M]. 北京：人民教育出版社，2016.

任钟印. 东西方教育的覃思[M]. 北京：人民教育出版社，2017.

四川西部文献编译研究中心. 外语教育与翻译发展创新研究：第 7 卷[M]. 成都：四川师范大学电子出版社，2018.

滕大春. 教育史研究与教育规律探索[M]. 北京：人民教育出版社，2019.

田园，李迪. 贝宁文化教育研究[M]. 北京：外语教学与研究出版社，2023.

王承绪，顾明远. 比较教育[M]. 5 版. 北京：人民教育出版社，2015.

王定华，等. 全球教育治理方略[M]. 北京：教育科学出版社，2023.

王定华，杨丹. 人类命运的回响——中国共产党外语教育 100 年[M]. 北京：外语教学与研究出版社，2021.

王定华. 教育路上行与思[M]. 北京：人民出版社，2020.

王定华. 美国高等教育：观察与研究[M]. 2 版. 北京：人民教育出版社，2021.

王定华. 美国基础教育：观察与研究[M]. 2 版. 北京：人民教育出版社，2021.

王定华. 新时代高品质学校建设方略[M]. 长春：东北师范大学出版社，2019.

王定华. 中国基础教育：观察与研究[M]. 北京：人民教育出版社，2021.

王定华. 中国教师教育：观察与研究[M]. 北京：人民教育出版社，2020.

王吉会，车迪. 刚果（布）文化教育研究[M]. 北京：外语教学与研究出版社，2021.

王晶，刘冰洁. 摩洛哥文化教育研究[M]. 北京：外语教学与研究出版社，2021.

王卓，李静. 乌干达文化教育研究[M]. 北京：外语教学与研究出版社，2023.

吴旻雁，黄超. 埃及文化教育研究[M]. 北京：外语教学与研究出版社，2022.

吴式颖，李明德. 外国教育史教程[M]. 3版. 北京：人民教育出版社，2015.

谢维和. 我的教育觉悟[M]. 北京：人民教育出版社，2016.

徐倩，李慧芳. 坦桑尼亚文化教育研究[M]. 北京：外语教学与研究出版社，2021.

杨汉清. 比较教育学[M]. 3版. 北京：人民教育出版社，2015.

于红，吴增田. 卢旺达·布隆迪[M]. 北京：社会科学文献出版社，2011.

张方方，李丛. 安哥拉文化教育研究[M]. 北京：外语教学与研究出版社，2021.

张笑一，Edmund Chang. 埃塞俄比亚文化教育研究[M]. 北京：外语教学与研究出版社，2022.

郑崧. 国家、教会与学校教育：法国教育制度世俗化研究（从旧制度到1905年）[M]. 上海：学林出版社，2008.

郑通涛，方环海，陈荣岚. "一带一路"视角下的教育发展研究[M]. 广州：世界图书出版广东有限公司，2017.

中国非洲史研究会. 非洲史论文集[M]. 北京：生活·读书·新知三联书店，1982.

朱睿智，杨傲然. 莫桑比克文化教育研究[M]. 北京：外语教学与研究出版社，2021.

二、外文文献

ABU-NIMER M. Reconciliation, justice and coexistence: theory and practice[M]. London: Lexington Books Press, 2001.

BENTROVATO, D. Narrating and teaching the nation: the politics of education in Pre- and Post-Genocide Rwanda[M]. Gottingen: V&R Academic, 2016.

ERNY, P. L'ecole coloniale au Rwanda (1900—1962)[M]. Paris: L'Harmattan, 2001.

GOUREVITCH, P. We wish to inform you that tomorrow we will be killed with our families: stories from Rwanda[M]. New York: Farrar, Straus and Giroux, 1998.

J-D GASANABO J-D. Memoires et histoire scolaire: Le cas du Rwanda du 1962—1994[M]. Geneva: University of Geneva, 2004.

KARUGU A M, et al. Education and development in Kenya: a historical perspective[M]. Oxford: Oxford University Press, 1992.

KING, E. From classrooms to conflict in Rwanda[M]. Cambridge: Cambridge University Press, 2015.

MAMDANI M. When victims become killers: colonialism, nativism, and the genocide in Rwanda[M]. Princeton, NJ: Princeton University Press, 2001.

Ministry of Primary and Secondary Education. Histoire du Rwanda, lie Partie[M]. Kigali: Direction des Programmes de FEnseignement Secondaire, 1989.

MURSION K. Africa South of Sahara 2003[M]. London: Europa Publications Limited, 2004.

OBURA A. Never again: educational reconstruction in Rwanda[M]. Paris: International Institute for Educational Planning, 2003.

PROTHERO G W. Tanganyika (German East Africa), handbooks prepared under the direction of the historical section of the Great Britain Foreign Office No. 62[M]. London: HM Stationery Office, 1920.

PRUNIER G. The Rwanda crisis, 1959—1994: history of a genocide[M]. Kampala: Fountain Publishers, 1995.

RIGHTS O A. The heart of education: assessing human rights in Rwanda's schools[M]. Kigali: African Rights Press, 2001.

VANSINA J. Antecedents to modern Rwanda: the Nyiginya Kingdom[M]. Madison: University of Wisconsin Press, 2004.

WALLIS, A. Silent accomplice: the untold story of France's role in the Rwandan genocide[M]. New York: Palgrave Macmillan, 2006.